U0559955

抗日英雄小故事系列

谢晋元

郭萌萌 编著

周东升 汪铮 主编

团结出版社

图书在版编目（CIP）数据

谢晋元 / 郭萌萌编著. -- 北京 ：团结出版社，
2014.12
（抗日英雄小故事系列 / 周东升，汪铮主编）
ISBN 978-7-5126-2997-4

Ⅰ．①谢… Ⅱ．①郭… Ⅲ．①谢晋元（1905～1941）
－传记－青少年读物 Ⅳ．①K825.2-49

中国版本图书馆 CIP 数据核字(2014)第 165722 号

出　版：团结出版社
　　　　（北京市东城区东皇城根南街 84 号　邮编：100006）
电　话：(010) 65228880　65244790　（出版社）
　　　　(010) 65238766　85113874　65133603（发行部）
　　　　(010) 65133603（邮购）
网　址：http://www.tjpress.com
E-mail：65244790@163.com（出版社）
　　　　fx65133603@163.com（发行部邮购）
经　销：全国新华书店
印　装：北京艺堂印刷有限公司

开　本：170mm×240mm　　1/16
印　张：7.5
字　数：72 千字
印　数：3000
版　次：2015 年 8 月　第 1 版
印　次：2015 年 8 月　第 1 次印刷

书　号：978-7-5126-2997-4
定　价：17.00 元
（版权所属，盗版必究）

目 录

001

抗日英雄

谢晋元

抗日英雄
小故事

第一章　镇平少年早立志
客家儿郎欲报国

第一节　穷苦晋元成人记

在广东省的东北部有一个美丽的城镇，这个地方现在叫蕉岭县，而古时被称为"镇平"。镇平只是个几十万人口的小镇，但在历史上却出过三位世人崇敬、万古流芳的英雄——丘逢甲、罗福星、谢晋元，而今天我们要讲的就是抗日英雄谢晋元的故事，讲一讲一个自幼好学不怠，少年早蓄报国之志的孩子，是如何弃文从武，横枪跃马，驰骋疆场，杀敌报国，从一名贫苦农家之子成长为一名目光远大、智勇双全、心怀天下的将领。

谢晋元，字中民，客家人，1905 年（清光绪三十一年）出生于广东省蕉岭县新铺镇同福乡尖坑村的一个穷苦人家，他的父亲谢发香靠种田为生，农忙之外，也外出做点小买卖，母亲李氏则是潮汕一带渔民的女儿，常年居家照顾一家老小，有时在家中附近做点零活，来补贴家用。

谢晋元家中兄弟姐妹众多，他有一个哥哥，两个姐姐，七个妹妹，由于家境贫寒，父母亲根本无力抚养这么多孩子，无法维系全家 13 口人的生计，谢晋元的大哥只好带着五个妹妹离家远赴南洋谋生。为了让自己的孩子能活下去，谢发香夫妇甚至含泪将谢晋元的其他姐妹陆续转送他人。谢晋元看着自己的亲人一个个离开自己，心里难过极了，他多么想叫父母把自己的兄弟姐妹留在家与自己共同生活，可是他明白自己家经济能力实在有限，父母也是被逼无奈，不出门谋生，不转送他人，全家人就都可能得死，所以谢晋元从不在父母面前提到兄长和姐妹，他怕触及父母的伤心事，可是，深夜里醒来的时候，小谢晋元躺在床上也偷偷地想念自己的亲人，偷偷地掉眼泪。

谢晋元小时候，他的父亲要不忙于农事，要不就外出做买卖，很少在家，母亲也是今天为这家干活，明天为那家干活，回到家里还得做家务，根本没有时间照顾小谢晋元，所以照顾谢晋元的工作就理所当然地落在了哥哥谢晋洪瘦弱的肩上。小谢晋元基本上都是哥哥谢晋洪在带，谢晋洪陪他玩儿，教他爬树、下棋、制作弹弓等。两兄弟把镇平的各个角落都玩了个遍，他们熟知哪棵杨柳有天牛，哪条河里什么位置鱼多。有时候，谢晋元淘气闯祸了，他的哥哥虽然也训斥他，可是一回到家里，面对质问的双亲，哥哥晋洪总是默默地把所有事情扛在自己身上，承受来自父母的责罚。他的哥哥晋洪总是说，晋元小，犯错了就意味着自己没有教导好他，因此自己理应受罚。这些事儿小谢晋元看在眼里，记在心里，他越来越懂事，跟哥哥的感情也越来越深。

某天，谢晋元放学归来，看见哥哥在院子里劈柴，就闹着

抗日英雄
小故事

叫哥哥陪他到河边钓鱼，哥哥晋洪没有理他，只说："写作业去！"谢晋元看哥哥不打算陪他钓鱼，心里不高兴了，嘟囔着说："反正家里还有柴，明天再劈不就行了啊！"谁知晋洪对着晋元吼了句："明天，明天，什么事都要推到明天，难道先生没教过你今日事今日毕？明天我还有明天的活要干！都像你这样吊儿郎当，家里啥时候才能过上好日子？也是个读书人了，怎么整天就只知道玩！"晋元被训得莫名其妙，他不明白平时事事顺着自己的哥哥今天怎么就跟吃了枪药似的，凶个不停，不过他很识趣地不再说什么，拿出作业本坐在椅子上开始写作业。

到了晚上，兄弟俩躺在床上，哥哥晋洪突然对晋元说："中民，生哥哥气吗？唉，那会儿我不该对你发脾气，可是，你也

大了，也该懂事了，以后哥哥出门不在家，家里的活儿就得靠你了，你不能老想着玩啊，也该收收心。"

"哥，你要出门？去哪？"晋元一听哥哥晋洪要离开家，立马急了，哪里还记得哥哥训斥自己的事儿。

"中民，哥哥要去很远的地方，要去挣钱。你在家好好学习，等我回来……"

哥哥的话还没说完，晋元就不乐意了，他大吵着，"我不！你不能出去，你要出去了也得带着我，不然你就不能出门，我不许你出门……"

"中民，听话……"

"我不，我就不"，晋元边叫边光脚从床上爬起来，跑到门口，用背死抵着房门，"你不准出去，我把着门儿，绝对不让你出去！"

"中民，赶紧回来，上床睡觉！"

"我不……"

"赶紧给我回来睡觉！"看着闹脾气的晋元，哥哥有点生气了。

晋元一听哥哥又要训斥他，想着哥哥不久就要走了，忍不住靠着门哭了起来。

哥哥看着抽泣的晋元，无奈地叹了一口气，他想着：晋元还是太小了，这么久以来，晋元早就习惯了跟着自己，自己这要外出，也难怪晋元不习惯，就是自己这个当哥哥的心里也不舒坦啊！可是，家里条件不好，自己不出去挣点钱，怎么供养晋元读书，家里人又该怎么过活呢。哥哥下床走到晋元面前，拍拍晋元的肩膀，又拿起床头破旧的毛巾给晋元擦了擦脸，"中民，不哭，男子汉不可以哭"，他又拉着晋元回到床上，让晋元坐在床边，擦去晋元脚上沾的尘土，坐在晋元旁边，慢慢说道："中民，你听我说，不要哭，乖乖在家等我回来，等我出去挣到钱，我就回家来陪你钓鱼，我们还可以把妹妹接回家来跟我们一起生活。等我们有了钱咱爸也就不用老是出门了，咱妈也不用在大冬天给别人洗衣服了，那时候，我天天送你去上学，给你买各种各样的书，让你一次看个够……"

"可是，我会想你，你走了，就我一个人……"晋元抽泣着说。

"我跟你保证我过几天就回来，我们拉钩，不过，你要答应我，我走之后，你要乖乖听爸妈的话，不准调皮捣蛋，不要总是闯祸。我走了，你就是家里的男子汉了，你要帮哥哥好好照顾爸妈……"晋元的手指跟哥哥的小拇指钩在了一起。

可是，这对兄弟谁都没有想到有些承诺永远无法遵守。谢晋洪带着妹妹离家远赴南洋做工，为了多挣一点钱，早点回家跟家人团聚，晋洪总是不停地干活，干活，不料几年之后竟然劳累过度，感染热病（疟疾）身亡。消息传回镇平的时候，谢

抗日英雄

谢晋元

晋元的父母老泪纵横，而当时已是一名军人的谢晋元没有哭，泪花在他的眼里一次次打转，他就一次次把眼泪逼回心里，他知道从这一天这一刻开始他就是这个家里的顶梁柱了，他必须像哥哥一样，像一个男子汉一样负起保护家人的全部责任。他暗暗发誓：从今往后，自己再也不是那个哭鼻子的小男孩，我的肩上担着一家人的希望。后来，谢晋元的目光不再局限在自己一家，而是担起了我们中华民族独立、自强、复兴的重担，他不再只看到自己家的贫困，而是把更多的百姓的悲苦放在了心上。

　　谢晋元天资聪颖，学什么都能很快上手。曾是秀才的谢发香看着聪明懂事的晋元，实在不忍心不让晋元念书，浪费了这个孩子的天分，他决定让谢晋元入村里的育民小学学习文化知识，因此，谢晋元也成为清贫的家中唯一一个得以入学读书的孩子。晋元知道家人供养自己读书不容易，因此他比别人更加珍惜这难能可贵的读书机会，学习起来比其他孩子更加用心。他总是第一个进教室，最后一个离开，经常主动向老师请教，有时侥幸遇到一本好的课外书，他总是千方百计借来细细品读，也因此谢晋元的学习成绩相当优秀，曾经教过他的老师提起他都是赞不绝口。

　　有一次，谢晋元偶然在一本宋词集里看到了岳飞写的《满江红》：

怒发冲冠,凭栏处、潇潇雨歇。抬望眼,仰天长啸,壮怀激烈。三十功名尘与土,八千里路云和月。莫等闲、白了少年头,空悲切。

靖康耻,犹未雪;臣子恨,何时灭!驾长车、踏破贺兰山缺。壮志饥餐胡虏肉,笑谈渴饮匈奴血。待从头、收拾旧山河,朝天阙。

当时年少的谢晋元还无法明白岳飞为何要写这首如此悲愤的词作,他找机会向自己的国文老师询问,谁知老师看到这首词,想到曾经强大的中华民族如今备受列强欺凌,竟忍不住哽咽出声。谢晋元有点不知所措,他没想到自己一向崇敬的、最为坚强的老师也会"哭",只好不声不响地站在老师身边。过了一会儿,老师看了看谢晋元,轻轻点点头,慢慢说道:

"晋元,这是一首好词。这词的作者是大宋朝著名的抗金英雄岳飞。北宋末年,女真族建立了大金国,金国内部经济落后,资源匮乏,于是金国官兵不断入关攻宋,日日威胁侵扰着北宋百姓的生存。岳飞的母亲希望儿子长大后能杀敌报国,用针在岳飞的背上刻下了'精忠报国'四个大字,然后送 19 岁的岳飞从军入伍。岳飞在抗金 19 年战斗中,打了许多胜仗,让金兵闻风丧胆。北宋灭亡后,他继续坚持抗金直到被害。这首《满江红》是岳飞出师北伐时写的。由于孤军深入,既无援兵,又

抗日英雄
谢晋元

少粮草，岳飞壮志未酬，不得不把部队撤回鄂州，忧心悲愤写下了这首千古名词。现在我大概地给你讲讲这首词的内容：

"上片：我满腔热血，报国之情，再也压不住了，愤怒得头发直竖冲开高冠。倚在栏杆处，望着潇潇秋雨。抬头远望，仰起首来对天长啸，心里急切盼望实现自己的志愿。三十多岁的人了，功名还未立，但是我也不在乎，功名好比尘土一样，都不是我所求的。我渴望的是什么东西呢？我渴望是八千里路的征战，是在这征途上与白云、明月为伴。不能等了，不要让少年头轻易地变白，到那时只空有悲愤。这一段表现了岳飞急于立功报国的宏愿。下片：靖康二年的国耻还没有洗雪，臣子的恨什么时候才能够消除呢？我要驾乘着战车踏破敌人的巢穴，肚子饿了，我要吃敌人的肉；口渴了，我要喝敌人的血。我有雄心壮志，相信笑谈之间就能消灭外敌。等待收复了山河的时候，再向朝廷皇帝报功吧！这一段表现了岳飞对还我河山的决心和信心。

"晋元，现在的中国国力衰微，老师已经老了，不能再为国杀敌，中国的未来都在你们手里，你要好好学习，勤学本领，将来大展宏图，为民造福啊！"老师拍了拍谢晋元的肩膀，长叹了一口气，起身离开了。少年谢晋元望着老师的背影，咬咬嘴唇，狠狠地点点头。

接受完小学教育之后，谢晋元进入三圳公学（当时为高小，

现在是晋元中学）学习，艰苦的童年生活使谢晋元自小就养成了勤奋努力、不断上进的性格，他以全校第一名的成绩毕业，后来又考入梅县省立第五中学（现梅州中学）学习，三年学习中，谢晋元始终保持着优异的成绩。中学毕业了，17岁的谢晋元只身前往广州，考入国立高等师范（后改为广东大学，再改为中山大学）预科班，预科读了三年，本科读了一年多。

转眼之间，谢晋元已经长成了一个挺拔的青年，他的目光越来越坚定地望向未来。

第二节　投笔从戎入军营

谢晋元的青年时代正值中国民族矛盾急剧上升，沉重的民族灾难，在谢晋元幼小的心里埋下了仇恨侵略者的种子。每当想起自己的哥哥，想到千千万万贫苦的中国人，谢晋元便是愁肠百结，辗转难眠。他多么希望有一天自己能干出一番大事业，杀敌报国、光复中华啊。接受了国文老师的教导后，他把岳飞的"精忠报国"作为自己的座右铭，表示要"临大节而不辱，处危难能自若"。

谢晋元喜欢下棋，尤其喜欢下象棋。面对国难，最初年少的他只能跟同学一起在棋盘上杀敌报国，横扫千军，后来，他终于有机会亲自上战场杀敌，他看到了战争的残酷无情，也看到了千千万万中华儿女"捐躯赴国难"的英勇。当然，这都是谢晋元投笔从戎，进入军营之后的事。

谢晋元就读的广东大学备受国父孙中山先生的赞扬，重视培养国家建设人才的孙中山先生称广东大学培养了一批"文状元"，同时，又说黄埔军校的学生是"武状元"。谢晋元经常聆听国父孙中山先生的讲话，深受教育。1925 年，受孙中山先生革命思想的影响和"沙基惨案"的刺激，为救国救民，晋元毅然决定投笔从戎，参军报国。

谢晋元回家跟父亲谢发香商量参军大事，谢发香坐在椅子上，想着自己常年漂泊在外的大儿子谢晋洪，又抬头看着站在自己面前的小儿子谢晋元，看着这个要离家参军不知何日能够重逢、甚至不知道自己此生还能不能再见到的孩子，心里是翻江倒海，思绪万千。从私心来讲，他希望自己的儿子永远陪在

自己的身边，在这个小村庄里安安稳稳地过完一生，长寿平安，无灾无难，生活到老。可是，他也是关心国事的男人，他也懂得大丈夫以国事为重、心怀苍生的道理，看着儿子那张充满稚气却又坚毅无比的脸，想着大敌当前，国难当头的局面，他重重地叹口气，摆摆手，低声说了一句"去吧"，好像这句话要用掉他一生的力气似的。谢晋元听了父亲的回答，并没有离开，脚像被钉在了地上了，一动不动继续站在父亲的面前，谢发香从椅子上起身站起来，对晋元招招手，"来，站过来一点儿。"他猛然发现儿子晋元已经高出自己半个头了，"真是长大了，你看，都比你爸高了……"，谢发香举手给儿子整整衣领，又弹了弹儿子肩头的尘土，"去吧，男子汉，理应立志四方，杀敌报国……你爸我还能再活几年，你啊，在外替你爸多杀几个敌人，也算是尽孝了……走吧，走吧……"说完就转身向里屋走去，已是泪流满面。

谢晋元望着父亲的背影，突然跪了下来，对着无人的客厅，磕了三个头。他在心里说着："爸，妈，儿子不孝，不能常伴你们左右伺候二老，还请爸妈见谅。哥，我违背了跟你的约定，不能在家好好照顾爸妈了……"

谢晋元的大学并没有读完，他想着要早日进入军营，杀敌报国，于是中途肄业，还写下了一首自勉诗：河山破碎实堪伤，休作庸夫恋故乡。投笔愿从班定远，千秋青史尚留芳。为了更好地掌握战斗技术，他先考进了黄埔军校第四期学习。在黄埔军校学习之初，谢晋元进入步兵科，后来又转入政治科。谢晋元在黄埔军校学习时十分刻苦，经常有人看见他一个人站在操场上稳扎马步，或练习匍匐前进，或与同学对战练习近身格斗。

1924 年 9 月初，周恩来乘轮船经香港辗转到达国共合作的革命政府所在地——广州，出任中共广东区委委员长及黄埔军校政治教官，11 月被任命为黄埔军校政治部主任，深得群众拥护。谢晋元进入黄埔军校学习期间，周恩来在黄埔军校担任政治部主任，因此谢晋元得以多次聆听周恩来的教诲，谢晋元被周恩来身上那种军人英武之气与文人儒雅情怀融为一体的风度所感染，这对他的爱国思想品质的形成与巩固起到了重要的作用。谢晋元自己也常常对身边的朋友说起周恩来，说："周主任为人师表，乃做人的楷模也。"

谢晋元于中华民国十五年（1926 年）10 月从黄埔军校毕业，被派往国民革命军一师任排长，随军北伐，屡建战功。几年后，由于他在歼灭土匪刘桂堂的战斗中表现英勇，善于作战，又被调任十九路军蔡廷锴部任中尉连长。在济南讨伐军阀孙传芳的战斗中谢晋元身负重伤，但他不屈不挠，表现出了非凡的英雄气概，受到长官和战友们的一致好评。随后，他转任武汉要塞部队营长、河南省保安处营长等职。1937 年卢沟桥事变，揭开了中国人民全面抗战的序幕，而在此之前谢晋元已经升任第四路军八十八师司令部中校参谋。全面抗战爆发后，谢晋元随军参加淞沪会战，协助旅长指挥作战，不久升任国民党军第 88 师 262 旅 524 团团副。后来团长牺牲，谢晋元接任团长之职，率部据守上海"四行"仓库。1937 年 10 月，为了保存实力，国民党军部后撤，谢晋元奉命率一个营掩护师主力撤退。完成任务后，谢晋元又坚守位于苏州河畔的四行仓库，誓不撤出上海市区，与敌战斗到底。

谢家有子初长成，大敌当前，晋元立志以身许国，毫不犹豫地投身到保卫中华、反抗侵略的伟大事业中去，显示了一名中国军人不怕牺牲的英雄主义精神和大无畏的气概。

第二章　嚣张日军扬言三月亡华
志气中国军人立誓死守四行

第一节　舍小为大，谢晋元泪别妻儿

1927年冬天，谢晋元遇见了凌维诚——一位美丽而又坚强的女子，那是一个让这俩人都永世难忘的场景：那天的上海，空气依旧寒冷而凌厉，可是，到底是晴天，阳光倾泻下来，显得如此的温柔，虽然只是轻轻地荡漾在人们的脸上，可让人心里也跟着暖和起来。毕业于黄埔军校第四期步兵科二团第六连的湖南人罗春芳要在这天跟张佩珍女士结婚，作为罗春芳最好的朋友，谢晋元穿戴整齐早早来到婚礼现场，给朋友送去最好的祝福。而作为张佩珍的小学同学同时也是张佩珍最好的朋友的凌维诚也出席了婚礼。

凌维诚，1907年8月15日（清光绪三十三年七月初七）生于上海，江苏省丹徒县人。父亲凌毛毛，母亲谭氏，在徐家汇老街开爿凌德隆面店。凌家有三姐妹，老大凌维君，老末凌维娜，凌维诚是家中老二。由于家境较好，凌维诚的童年过得很幸福。1924年，凌维诚毕业于上海务本女中，1927年毕业于上海东南体育专科学校。凌维诚专业学的是音乐，她会弹风琴、拉小提琴、吹箫，还有一副好嗓子，擅长唱歌，可以说是位才女。

　　经由罗春芳和张佩珍的介绍，谢晋元和凌维诚打了个照面。身为军人的谢晋元眉宇之间处处显现出淳朴、果敢的英武之气，让人一看就觉得他是一个有守有为、成功立业的铁汉。凌维诚对着谢晋元点点头，心里暗暗想道：原

以为罗春芳已是个优秀的男人，没想到眼前这个叫谢晋元的男人更有一种为常人所不及的气度，浑身充溢着一股浩然正气。而谢晋元心里更是吃惊，他没想到自己竟能遇见这么一位美丽的女性，她通身透出一股空灵的气质，只是那么对着自己微微一笑，就令自己心中生出一阵舒缓的春的感觉，她笑得那么安静，就像一枝白莲般恬美，阳光轻柔地染在她的脸上，白里泛出一阵初春的红晕，如同一朵曼陀罗花在快乐地，又羞答答地开放着。而她时不时抬头看向自己的目光又充满了冬日温暖的味道。

　　后来，他俩相爱了。谢晋元跟凌维诚不断通信，通过交流，凌维诚越来越能理解作为军人的谢晋元身上那种为国为家的抱

负，那是一个真正的男人的胸怀，她想，今生自己是一定要嫁给这个人的。而谢晋元得知凌维诚的父亲已经过世后，也想赶紧担起保护和照顾凌维诚的担子，让凌维诚的家庭不再残缺。最后凌维诚终于把谢晋元带到了自己的母亲面前。

小汽车到了老街楼牌门口就停了下来，谢晋元走到卞凌德隆面店门口，向店里的大家敬了个礼，接着向凌维诚的母亲问好，又一一问到店里四个学徒的情况。经过严格训练的军人，礼貌和气度都跟普通百姓不一样，谢晋元谈吐大气，礼节得体，再加上他待人和气，不摆架子，凌维诚的母亲对谢晋元的人品很满意，可是，想到在兵荒马乱的年代要将自己的女儿嫁给一名军人，凌维诚的母亲谭氏总觉得不放心，再说，自己的丈夫死得早，她想给女儿找个更安定的人家嫁了，免得女儿受苦，也好让九泉之下的老伴儿瞑目。这一次，谭氏没有答应谢晋元，她不同意把维诚嫁给他。

二次北伐后，革命军于 1928 年 4 月 4 日发起总攻，一路势如破竹，到达山东。山东军阀张宗昌出卖国家主权，引狼入室，日军以"保护侨民"为由派第 6 师团 5000 人占领胶济铁路及沿线城市，5 月 1 日北伐军进入济南商埠区，日军在街道上设置防御工事，攻击革命军。5 月 2 日，我国交涉署与日军交涉，要求日军立即撤除警戒，但早就眼馋中国国土的日寇哪里肯依，日本鬼子在 5 月 3 日向我军扫射，导致我军士兵多人伤亡，谢晋元义愤填膺,指挥所部反击,打得日寇狼狈而逃,自己却不幸身负重伤,转往汉口医治。5月3日晚,日军50余人闯入我军交涉署,大肆抢掠。将国民政府战地政务委员会外交处主任兼山东特派交涉员蔡公时及十余名随员,用极为残忍的割鼻、割耳朵、剜双目、割舌头等下三烂手段作践后,再予以枪毙。后来又继续以重炮攻城,屠戮我国军民8000人,这就是震惊中外的"五三济南惨案"。

在这次反抗日寇的战斗中,谢晋元身负重伤,转住汉口治疗。凌维诚心里始终放不下这段感情,她只身前往汉口医院看望谢晋元。躺在病床上的谢晋元面色苍白,当他看见凌维诚一个人跑来汉口很是吃惊,他不是没有想念过维诚,可是他也知道身为一名军人,他无法常伴维诚左右,只能让凌维诚担心,他想着这一生就让自己一个人过吧,不要耽误了维诚的幸福。他看着她说:"你怎么来了?我没什么大碍的。你一个姑娘家怎么敢一个人出门,现在天下又不太平,你这么贸然跑过来,不但你的母亲伤心,也让我难过啊!我找人把你送回去吧,你不要再来了。"凌维诚一句话也不说,只是看着谢晋元掉眼泪,就好像那些伤口是长在自己身上似的,她丝毫不理会晋元的话,愣愣地站在病床边。看着曾经快乐的维诚哭泣,谢晋元的心里像针扎似的疼,他多想给维诚一个一生的承诺,可是他不敢,他也只是那么安静地望着维诚。病房里安静极了。凌维诚突然说了一句："你以后不许再受伤，否则你就只能娶我回家，让我来照顾你。"突然听见维诚这么一句话，晋元的心震惊了，面对在爱情面前勇往直前的凌维诚，他觉得惭愧，他下定决心不论别人说什么，他一定要娶凌维诚为妻。

1929 年 9 月，谢晋元与凌维诚两人在汉口大华饭店顶楼大礼堂举行了婚礼，由罗卓英等人证婚。1930 年 7 月 15 日，谢晋元的大女儿谢雪芬出世，1932 年阴历 3 月 14 日二女儿谢兰芬出生，长子幼民出生于 1935 年 1 月 10 日。这几年是凌维诚和谢晋元相守共同生活的日子，那些幸福的时光成为后来支撑凌维诚一生的记忆。

1933 年 8 月的一天，谢晋元参加完庐山集训乘船回到上海，休假十天。这时候，谢家的大女儿三岁，小女儿一岁多点，正是招人喜欢的时候，可是，谢晋元坐在孩子身边却显得闷闷不乐，好像在跟谁怄气似的，凌维诚不解，忍不住问："中民，你这是怎么了？跟谁生气呢？"谁知，谢晋元就是不说话，过了半天，才没头没脑地冒出一句："我就是不信！"维诚听了更加不解，丈夫晋元到底怎么了。原来，在去九江的船上，军官们就"九一八事变"以来，日寇侵我东北，又在华北步步进逼的形势，展开了激烈争论。不少军官认为日本自明治维新以来，科学技术发展迅速，年产钢铁几百万吨，能自主制造大型军舰、飞机、坦克、大炮，海陆空军都占绝对优势，所以中国不打要亡，打也要亡，而且亡得更快。谢晋元坚决不同意这种观点，他认为中国疆土辽阔、人口众多，虽然开始要丧失一些土地，但只要坚持长期抗战，最后胜利一定是我们的。他还以先贤的话"文官不爱钱，武官不惜死，则天下太平"来表明自己的态度，说"只要我们每一个军人都能不怕死，都尽到自己守土的职责，中国就一定不会亡。"此时，谢晋元虽然已经回到家里，可他脑子里想的全是国家民族的存亡，他认为只要中国军人敢于抵抗，就能挽救国家危亡。所以，他心里反复想的一句话就是"我死也不相信中国一定会灭亡，死也不信"。

上海形势日益紧张起来，为了自己上战场杀敌不被妻儿拖累，谢晋元对凌维诚说："你带着孩子离开上海，回老家去，家里还有二亩地，种点东西足够你们生活。局势越来越紧张了，我不一定哪天就又要回到战场上四处征战，你在上海我不放心，再者，回到镇平，你还能帮我照顾父母，还有，你现在怀着孩子，回去了，母亲也能帮着你点……我知道你舍不得我，我也不愿意让

抗日英雄
谢晋元

你一个人在老家待着，可是生为人，更何况是一名军人，我就一定要效忠国家，为社会做一些事，谋求大众的幸福，又怎能被夫妻朝朝暮暮所累？又怎可沉溺于儿女情长？"他继续说道："半壁河山，日遭蚕食，我是一个军人，要以国家民族为重，为国杀敌，是革命军人的职责所在，没有国，哪有我们的家？你在家先等我，等待全歼倭寇，我一定亲自返回故乡接你回上海。"

说实话，凌维诚不想离开丈夫带着孩子回到一个对她而言全然陌生的地方，在凌维诚看来，在上海，即使晋元不在家，可自己离自己的母亲、姐妹也近，还能彼此照应，平日里来往也能解个闷儿，而凌维诚家的亲戚也不愿意让她带着孩子回广东镇平那么一个穷乡僻壤的小地方去，姐姐凌维君也说："中民不在家，你可以住我家啊，家里给你预备个房间还不是一件容易的事儿？"凌维君嫁给了颇有名气的国乐演奏家张萍舟教授，家里要多养活几个人的确不算个难事儿，可是为了让谢晋元放心，也为了替谢晋元尽孝心，凌维诚劝服母亲和姐妹们，毅然回到了广东原籍。

1936 年春节过后，谢晋元亲自护送妻子儿女回到镇平。在广东谢家，谢晋元与凌维诚过了几天平静的生活。在家的时候，谢晋元对怀孕的妻子说："日寇侵华的野心不死，中日之战就要爆发。我们可能会丢失一些土地，战争必定是长期的。

但只要我们每一名军人决心誓死保卫国家民族，中国是不会灭亡的。这场战争将会非常残酷，把你们留在这穷乡僻壤，实在是不得已的事。否则，我便不能安心杀敌。侍奉年老父母、抚养和教育年幼子女的重担都要劳你承担。等到抗战胜利的那一天，我将亲自来接你们回上海，并感谢你的支持和代我所做的奉献……"

凌维诚说："中民，为了打战，你我分别，我知道你的难处；你一定要活着，要听听这个就要出世的孩子叫你爸爸。这个孩子来得多么不巧，战事频繁，也许……"

"维诚，不要这么说，我上战场，给他挡子弹，你在家，给他挡风雨；我灌输他爱国的精神，你哺乳他生命的营养，生命是一个奇迹接着一个奇迹的，我们的孩子一定能过上幸福的生活！"

凌维诚坚定地点了点头，抚摸着自己的肚子，不再说话。而小女儿知道父亲要回上海把妈妈和自己留在老家，心里难过，一直不吭声，也不叫晋元"爸爸"，怎么逗都不开口。在送别丈夫的前一天夜里，谢晋元抱着孩子安详地睡着了，凌维诚却在连夜赶做布鞋，谢母则在为儿子缝补着衣服。凌维诚对谢母说："母亲，我来做就行了，您早点歇息吧。"谢母说："晋儿这一走，为娘的牵挂就都在这针脚里面了，我得缝完它。"第二天早上，慈母缝的衣服、妻子做的鞋都被谢晋元穿在身上。

谢晋元对凌维诚说："自古军人忠孝不能两全，你本可带着儿女去你大姐姐那，可我却把你送到镇平。有你事孝，我才能为国尽忠，不必老是牵挂母亲和儿女。"凌维诚说："我只记得你说过，国家的未来，必然是没有外国军队的，中国人一定能堂堂正正做国家的主人，我们的儿女会更有出息。"谢晋元说："是啊，中国不会亡，只是处处青山，也许……"凌维城作："你活着，我一定会找到你；你牺牲了，也要化作一阵风，来看看你的儿女；我腹中的孩子，还等着看看父亲的英姿，好叫你一声爸爸！"谢晋元细细看着妻子美丽的脸庞，不再说话。就在他要走的时候，突然孩子们齐声喊他爸爸，而一直不理他的小女儿也奔跑着，扑到他跟前，抱着晋元的腿，哭得很伤心。谢晋元把女儿抱在怀里，向着他的父母亲和乡亲们行了一个军礼，又放下女儿，转身离开，而眼眶也早就湿润了。

凌维诚本以为来日方长，自己以后一定能跟晋元团聚，可谁知这一次分别竟成了他俩的永别。

第二节　保家卫国，中国军人血染淞沪

日本侵略中国的野心由来已久。19 世纪 60 年代明治维新以后，日本逐渐走上了资本主义扩张道路，建立了具有浓厚封建色彩的资产阶级君主立宪制国家。日本是自然资源贫乏的狭

小岛国，科学技术与生产能力的迅速发展与其国内原材料和产品市场有限的矛盾日益突出，对外侵略性越来越强烈，而隔海相望的中国，土地辽阔、人口众多、资源丰富，但经济落后。自鸦片战争以后，中国逐渐沦为半封建半殖民地国家，成为列强宰割的对象。1894 年 7 月，日本不宣而战发动甲午战争，次年强迫清朝政府签订《马关条约》，获取 2.3 亿两白银的战争赔款，并霸占台湾和澎湖诸岛，把朝鲜据为己有。1900 年八国联军之役，1904 年日俄战争，1914 年第一世界大战爆发……每一次战争都使日本在中国获得一系列新的政治、经济和军事利益，使其侵华野心更加膨胀。1927 年，日本首相田中义一在上呈天皇的秘密奏折中提出："为了征服中国，必须首先征服满蒙；为了征服世界，必须首先征服中国"的侵略计划，将侵华的总体战略作为其基本国策加以实行。

1937 年"七七"事变之后，日本又侵占我国华北。为了攻占我国经济中心上海，威胁首都南京，日本大举增兵上海，千方百计制造侵略借口。在中华民族生死存亡之际，中国人抱着满腔怒火，誓与日寇决一死战。国民政府方面与共产党方面联合抗日，共御外辱。

为了加强国防，保卫南京，1936 年初，国民政府便密令张治中将军研究淞沪地区作战计划。军校高级教官室从南京秘密前移，迁往苏州狮子林，不久移驻留园，对外以"中央军校野营办事处"名义，设立军事指挥部，计划和组织淞沪地区抗战的准备，仍由张治中将军负责具体事宜。野营办事处为了使营级以上军官清晰认识以后攻击目标的具体情况，分批组织，派遣官兵秘密前往上海侦察地形，谢晋元为第二批前往的人员。

张治中认为中日形势极为严重，为此 1936 年 9 月 23 日和 10 月 4 日，两次向国民政府陈述在淞沪调兵备战的要求。张治中指出："上海为我经济中心，系世界视听，我沪上武力仅保安一团，守土非易，抗日寇难。在事变之出，必先以充分兵力进驻淞沪，向敌猛攻，予以重创，至少需保持我与租界交通，取攻势防御。若自甘被动，虽占苏福线或锡澄线，亦属非宜。"为此张治中建议，"须有兵力六七个师，以四至五个师布防淞沪正面，两师控制浏河、福山、常熟等地，如此在淞沪附近作战当可支持三个月以上。"这便是张治中制定的《上海围攻计划》的核心。这个先发制敌的构想在 1936 年底被蒋介石所肯定，唯一尚未决定的，是何时发动攻击。

张将军负责指挥第 87 师、第 88 师、第 36 师、教导总队及江阴要塞、江阴电雷学校、太湖水警部队、淞沪警备司令部等，在京沪线上择险要地形，构筑国防工事，加强后方公路建设，改善了江防交通和通讯设备，增强了防御能力。

某日，江苏留园办公室内，各参谋正认真根据战略部署和战术需要进行沙盘作业，张治中将军边审视军事地图，边根据

抗日英雄小故事

将来需要调动部队。张
治中用兵神速，谢晋元
对他很是敬仰。作为上
海秘密侦查小组成员，
谢晋元向参谋人员讲述
了上海的情况后，向张
治中请示下一步的动
作。张治中与谢晋元漫
步走在留园内，张将军

抗日英雄
谢晋元

说："这个园子，一亭台，
一水榭，幽静曲折有趣，乃至水池里各种各样的金鱼，古老的
树木，鲜艳的花卉，都极尽园林之胜。而我们国家的美又怎是
这一个园子能比的？"

谢晋元回答："苏州的园林是祖国河山的缩影，秀丽如画，
移步换景，确实能在这战火即将烧起的时候，给人片刻的安详
和宁静。"

张治中没有回答，只是微微点了点头，示意谢晋元继续说
下去。

"现在国家处于危难之中，大战难免，这复仇的炮火可以
扬中国人的志气，可是，两军交战，上海的百姓又该蒙受多少
生命财产的损失啊。我在上海侦察，真想先制定和实施百姓的

疏散计划，否则战火无情，百姓遭殃！焦土之上，血流成河。我们详尽的侦察能使部队快速有效地运动，找到敌人的软肋。可百姓没有受过训练，大撤离就是大逃难，甚至可能会影响我后续部队的前进。"

张治中想了想，说："我们可以拟一个方案，在战争爆发后有序撤退百姓，减少日本人对市民的伤害，所以说参谋行动的每一步都要快过敌人的子弹，还要细过女人的头发。你们这些参谋是军事主官的眼睛、耳朵和脑子。主官的勇气和谋略，无一不是参谋作业和各种想定的最后决策。你们侦察，就是长官的眼睛在伸向敌人的心脏；你们的情报，就是上级决策的基本依据；全面的抗战，军人和百姓都会牺牲，但我们要为民族争生存，为国家争主权，为自己争尊严，昂起头，挺直脊梁，建国强国！"

谢晋元一听，立马站定，面对张治中，敬了一个标准的军礼，"我们的国家一定可以实现独立富强！"

为准备抗战，第88师加紧进行整编和军训，谢晋元以黄埔军校系统学习的军事知识及参加北伐和"一·二八"淞沪抗战的实战经验，一贯严谨规范、办事干练的作风，深为师长孙元良所赏识。

小河边，一派"野渡无人舟自横"的宁静景象，孙元良和谢晋元在郊外，他们身着便装，一边钓鱼，一边进行着谈话。

孙师长问道："中民，还记得和你交过手的日寇吗？最近，都在想着克敌的战法吧？"

谢晋元如实回答："我们的装备还很落后，战车和火炮都很少，而且没有空中支援。而日本在拼命发展飞机，在上海，他们的海军也是很大的威胁，可以说是海、陆、空的立体火力。失去领空，陆军只能靠躲，而临时的工事又不能抵御空袭，想彻底打垮日寇实在是难。"

孙元良点点头说："我们可能要靠最原始的机动和最直接的血性与勇气来抗战。在长城抗战中，我们的士兵是用敢死的决心、大刀和敌人拼死的。得道多助，失道寡助，面对日本的侵略，只要中国人扛起枪，就是再先进的武器也不能亡我中华。"

谢晋元咬咬牙："黄金时代过去了，现在是流血时期，为了和平后的又一个黄金十年，二十年，我们被迫抗战，不抗战，抬不起头做人！"

1937年，上海一片沉寂。密密麻麻的铅字报道的都是临战前的紧张气氛。8月的太阳热得像火球在天空燃烧一样。日军探知我军第88师262旅及87师先后进驻上海布防后，便倚仗其坚固工事及优势火力，急于动手，企图打我军一个措手不及。1937年8月13日上午9时许，日寇悍然发动进攻，炮轰我东宝兴路、天通庵车站、八字桥一带，我军面对强敌，上下同心，把多年来郁积于胸中的对敌人的仇恨化为杀敌的决心。

英勇反抗侵略的"八一三"淞沪抗战就此展开。由于之前准备充分，我军反击当天气势如虹，斗志昂扬，初战告捷，军心、民心大振。

8月14日，国民政府外交部发表《自卫抗战声明书》，叙述日军侵略挑衅的经过，指出日本政府自从"卢沟桥事件发生以来的种种行为，均属侵犯我国领土主权与违反各种国际条约之举。我国处此环境之下，忍无可忍，除抵抗暴力，实行自卫外，实无其他途径"，并表示"今后事态之演变，其一切责任，应完全由日方负责。"

而日本鬼子怎会甘心自己的失败呢？他们于14日凌晨2时10分起发动新的进攻，欲夺回昨日失去的八字桥、青云桥

等处阵地。天亮后，敌军四架飞机前来轰炸，炸弹和炮弹爆炸的浓烟遮天蔽日。

海军司令部是敌人的神经中枢，是其心脏要害。为了打掉这个"蛇头"，第88师孙元良师长在弹雨中亲临第一线指挥。他设了两个联络哨侦察情况。副师长冯圣法在北站的大楼上观察战情，与彭巩英旅长共同指挥262旅。师参谋长张柏亭爬上水电厂的屋顶设立了联络哨。参谋主任谢晋元受命在宝山路商务印书馆对面的浴室楼上，在一线指挥前方的战斗。炮火把屋顶炸得千疮百孔，但登高远望，敌我交战尽收眼底。

我军冒着密集的弹雨，在街巷中冲杀。顽固的日军凭借坚固的房屋和工事，与我军逐屋争夺，街垒一片杀声。从爱国女校迂回攻击的264旅冒着炮火奋勇冲锋，可是后退的敌军却利用特制的钢板防盾在江湾路上顽抗。发射过去的弹头"乒乒乓乓"地被挡回来，每前进一步都异常艰难。快到中午时，先头攻击部队已接近了敌军的指挥中枢。在陆战队司令部附近，敌军尸横遍野，一部分胆小的日军狼狈地退入了海军陆战队的司令部，其余的沿着四川北路逃窜。

在敌军司令部南面指挥冲锋的黄梅兴旅长，在八字桥侧面冒着密集的炮火率部攻击占领持志大学的顽敌。终于，机枪压住了日军的抵抗，从持志大学出逃的敌军退守到上海法学院内。"冲啊！"黄旅长乘日军立足未稳之机，一鼓作气带着官兵追击，他不能给敌人喘气的机会。密集的弹雨中，敌我双方伤亡惨重。奋勇的中国军人乘胜前进，连续攻破了日军的十多个据点。天色渐渐暗了下来，时间已到了傍晚，敌我反复争夺，弹雨交叉扫射。我们的战士们踏着战友的血迹，手拿短枪呼喊着前进。14日下午6时，在进攻日军最后一个堡垒爱国女子大学胜利在望时，日军炮火密集，加之近百架轰炸机在我们头顶轰炸，黄梅兴不幸身中炸弹，壮烈殉国，为中华民族献出了宝贵的生命，时年41岁。

谢晋元与黄梅兴是邻县同乡，黄埔军校毕业后参加北伐时，俩人就是很要好的朋友。他俩都在粤军部队服过役，参加过"一·二八"淞沪抗战，并肩杀敌。同在第88师任职的三年里，无论是任师部参谋还是262旅参谋主任，谢晋元与同师的黄梅兴旅长都常打交道，"八一三"战役再次并肩作战，战友之情，更非同一般。黄将军殉国后，谢晋元悲痛万分，新仇旧恨，刻骨铭心，使他更坚定了与日寇血战到底的决心。

前仆后继的攻坚战，从江湾到杨树浦一线全面展开。以第87师、第88师两支德式装备的精锐部队为主攻，在炮兵、空军等部队配合下，中国军队与强大而顽固的日军进行着殊死的拼搏。262旅在8月13日至22日的进攻战斗中，共伤亡1000余人，以担任突击的524团一营和523团一营伤亡最为严重。谢晋元以各连队调换防区和轮流作短期休整补充的方法，共补充了浙江省保安团的三个营士兵，有效补充兵力，力争战场上的主动权。

敌军对闸北我军的正面进攻，时紧时松，但从不间断。在汇山码头一带江面停泊的日方20余艘军舰炮火不断轰击上海，每天都有一二十架飞机侦察、轰炸；几十门榴弹炮、步兵炮及其海军司令部屋顶上的重炮、迫击炮连续不断的轰击，常常一天发炮七八百发之多；日军还出动十几辆战车掩护步兵冲锋，兵力少则上百，多则成千。攻击点也时南时北，不断变化。东宝兴路、启秀女校、天通庵车站、老靶子路常受其攻击。八字桥与虬江路淞沪铁路车站的战斗更是频繁。敌人企图突破一处，直攻我军北火车站守军。谢晋元根据多年的战斗经验，严格要求部队在战斗空隙赶做防御工事，并给予具体细致的指导，他还要求营、连长仔细检查工事建筑是否坚固，使伤亡大为减少。

为了设置攻击点，谢晋元组织材料，请师工兵营长蔡仁杰少校把参加战地服务的土木技术人员和北火车站修理厂的机修工人组成一个工程队，设计一种分解式的钢筋水泥碉堡，先在后方分成几部分做好，利用夜晚运到前线，接缝处以铁钩扣住，再用水泥浇注，密缝固定，设置在各处要点。士兵再利用原有房屋、残墙及沙袋、钢板构建工事联结，做成一道道互相支援、火力交叉的纵深防御网。有了牢固的防线，他还要求一线官兵按照阵地防卫的特点，根据战场的形势，灵活配置和使用兵力。

在敌人占有海空军绝对优势的情况下，我军只能以防御为主进行抵抗，根据形势，也组织一些反攻，突击敌人，铁拳计划就是其中之一。该计划经统帅部同意，下达88师262旅执行，由谢晋元完成参谋作业及具体指导实施工作。28岁的刘宏深少校营长为突击队长。500名精壮士兵雄赳赳地集合了。

夜，出奇的静，偶然有几声枪声清脆地划破黎明前的安宁。拂晓，攻击开始，排山倒海的炮火倾泻在与北四川路交叉的虹江路上。由师炮兵营长王洁中校指挥全师36门迫击炮、16门榴弹炮及山炮，集中轰击目标地区，虹江路淞沪铁路线以南的日军防御工事群陷入一片火海之中，所有工事及建筑物全部摧毁。趁着烟幕未散，在十余挺重机枪火力掩护下，身轻如燕的刘宏深，率领猛虎般的突击队员冲进了敌阵，30挺轻机枪组成猛烈火网，一时间喊杀声震天，敌军尸积如山，血流成河。粤东中学、爱国女校、日本坟山……我们的战士一路冲锋，一路扫荡，挟风踏雷，势不可当。

当我军乘胜突进，攻入北四川路口正拟分头歼敌时，刘宏深被敌弹穿腿，他当即裹伤再战，部下备受鼓舞。我军按计划再转向北四川路两侧攻击，此时弹药打尽了，战士们就以白刃肉搏。不幸的是，深入敌阵的刘宏深在横浜桥附近被敌人炮弹密集轰击，葬身于炮火之中，为国牺牲，突击的勇士们，面对强大的敌人火力，又失去了指挥，不得不撤退下来。此役歼灭敌军 400 余人，我军也有 300 人伤亡。

刘宏深，湖南醴陵人，黄埔军校第五期毕业。殉国时年仅 26 岁，新婚刚三个月。妻子许淑贞女士居住于江苏省句容县，闻噩耗泣不成声，痛不欲生。后国民政府追授刘宏深中校军衔，以表彰其忠烈。由于我军缺乏现代化的武器装备，没有飞机、坦克的支援，炮火也不足，铁拳计划未能实现德国军事顾问设想的"以闪电战实行中央突破，瓦解敌军抵抗"的初衷，功败垂成，实为可惜。可是，我们的战士不顾生死、报国杀敌的大无畏精神鼓舞了更多中华儿女为了祖国的独立富强而战斗。

"铁拳计划"失败后，谢晋元又是心痛又是自责，他主动向上级请求处分，说："我没有落实好攻击的准备工作，对敌人的战斗力和凭借简易工事的顽固程度都估计不足，牺牲巨大，我请求处分。"

第 88 师参谋长张柏亭说："战场是瞬息万变的，步兵的时代已经成为历史，没有步炮、坦克的配合，仅用血肉很难巩固冲

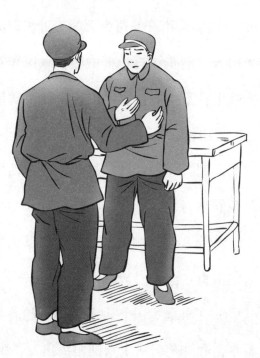

抗日英雄
谢晋元

击的战果，你不必自责，还有很多工作需要你去完成。"

8月底，闷热的夜晚没有一丝风，第88师师部移到了苏州河边的福新面粉厂。师参谋长张柏亭倚窗眺望着炮火和灯火交织的黄浦江，江中一艘接一艘的日本军舰上射出了剑一样的探照灯，这寒光般的灯深深刺痛了他的心。

"参谋长还没有休息？"来人正是262旅的参谋主任谢晋元中校。

"中民兄，请坐。"参谋长亲切地喊他的字号。

谢晋元说："有点事来商讨，黄浦江敌舰云集，舰上的炮火构成我们莫大的困扰，必须要有个对付的办法。"

"中民兄有什么好主意吗？"

"今天和警备司令部的王处长研究，停靠在汇山码头上的'出云'舰是敌方指挥中心，敌酋长谷川清就住在上面。擒贼先擒王，只要能摧毁'出云'舰，就是一个很大的战果！"

张柏亭点了点头。他赞同谢晋元的设想，两人谈起了具体方案，谢晋元说："如果我们决定动手，稽查处王兆槐处长能帮我们出力。"

参谋长当即报告长官，上级认为可以行动，并指派谢晋元策划负责。

过了几天，一切准备就绪。趁着月黑风紧，一艘小火轮载着水雷和炸药，从十六铺码头出发，快速地接近了"出云"号。

按照规定，爆炸物应距目标 300 米至 400 米处施放，不知是夜里距离估计上的错觉，还是心理上的紧张，小火轮上的爆破手因离"出云"舰远距离发射，只在汇山码头掀起了排山倒海般的轰响。"出云"号在巨大的震荡中颠簸了一阵，码头和设备被炸了一部分。小火轮上的 3 位爆炸手，在敌人密集的弹雨中，来不及冲出火网，都做了无名的抗日勇士。汇山码头的大火，燃烧了一个多小时，我军攻击"出云"军舰失利了，谢晋元失望极了。

9 月中旬，524 团团副黄永淮在前线指挥作战时负重伤，转往后方医治。谢晋元为了到第一线杀敌，主动要求接任。524 团是守卫淞沪的最重要阵地，谢晋元又是一名有经验的将士，彭巩英旅长批准了谢晋元的要求。在"八一三"抗战中，524 团坚守阵地，杀伤大批敌人，自身伤亡也很大。先后共补充了五次兵力，8 月二次（平均十天左右一次）、9 月二次（平均半月一次），10 月 7 日一次。补充的兵员以地方保安队为主（浙江、江苏、安徽、湖北保安团），8 月底一次是从 49 师抽三个团补充入 88 师。每次补充人员在三分之一到二分之一左右，个别伤亡大的连队，一百多人到补充时只剩七八个人。所以，75 天的战斗，524 团已补充了两个团以上的兵员，最早的骨干和老兵剩下已经很少了，可见战斗的激烈和伤亡的严重。

88 师不愧是我军的精锐部队，自始至终坚守住了闸北至

抗日英雄
谢晋元

江湾、大场一带的阵地，大量杀伤敌人。日军在88师特别是262旅524团的打击下，吃尽了苦头，想攻不敢攻，不攻又挨打，伤亡累累，毫无进展。日本军原以为像打北平、天津一样，三四天内就能够攻占上海。可战局的发展完全出乎他们的意料，"三天占领上海"、"十天占领上海"都成了泡影，为了改变被动局面，日军不断增派兵力，扩大侵略。至9月末，日军已先后四次增兵，挟海空军优势，发动猖狂的进攻。到11月初，扬言三个月亡华的日本精锐部队，在长江以南潘泾以西这条战线上仅仅向前推进了5公里，而中国军队也为此付出了数倍于敌人的代价。当日本援军抵达，中国军队进入防守阶段时，国民政府顽固坚持阵地战死守方式，彻底将作战变为"以血肉之躯与铁弹相拼"的"肉弹主义"。中国军队的伤亡，每天平均高达一个师！中国军队最终全凭无数血肉之躯，在进行着悲壮的"铁血"抗战。

第三节　临危受命，八百兵固若金汤

1937年10月末11月初，蒋介石在白崇禧、顾祝同等人的陪同下，突然乘专车来到南翔附近的一个小学校里，随即召集师长以上的将领开会。蒋介石对将领们说，"九国公约会议将于11月3日在比利时首都布鲁塞尔召开。这次会议对我国国家命运关系甚大。我要求你们做更大的努力，使上海战场再支持一个时期，至少十天到两个星期，以便在国际上获得有利的同情和支援……上海是政府的一个很重要的经济基地，如果过早放弃，也会使政府的财政和物质受到很大的影响。"当时的蒋介石语气坚定，说完立即转身离开了。

当时国际形势于我国有利，统帅部寄希望于九国公约会议各国能谴责并制裁日本，故希望不惜牺牲，发动反攻，以图在战场上取得有利的态势，支持外交方面的努力。蒋委员长知道当时国际上没有正义，只有权势。中国唯有证实自己有抵抗外侮的能力，才有可能使国联作出真正有利于中国的裁定，甚至提供实质的援助，而已经成为国际化都市的上海几乎是当年外国人观察中国的唯一窗口，所以在上海的抵抗对于国际情势的影响远比其他各地有效，因此才要大部队撤离，留下一些零碎的小部队留守上海，表明中国官兵死守中国国土的决心，在九国公会期间赢取国际力量的支持。蒋委员长很明白地告诉将士们："让88师死守的目的，就是为着争取时间，唤起友邦同情！"简而言之，蒋委员长决定牺牲一个师，换取国际上对中国抗战的声援与资助。

而长官们显然并不愿意牺牲一支像第88师这样的好部队去感动洋人。当顾祝同长官摇通电话，对第88师师长孙元良将军宣达了蒋委员长下令死守闸北的意旨之后，孙师长的反对

037

抗日英雄
谢晋元

更为激烈。

孙元良说："统帅命令自应尊办，但请长官考虑，如果我们死一人，敌人也死一人，甚至我们死十人，敌人死一人，那么我愿意带领将士留在闸北。但如果我们是孤立在这里，激战之后，我们的干部伤亡了，联络隔绝了，战斗组织解体，粮弹不济，而在混乱无指挥的状况之下被日军屠杀，那才不值，更不光荣！第88师固然士气高，而且坚守闸北两个月，但我们已经补充五次新兵力，新兵训练时间短，缺乏各自为战的技能。这就是实际情形！"

孙元良师长是黄埔军校第1期的学生，顾祝同将军是军校当年的战术教官，学生自然要服从校长与老师的命令，但是这层关系也使孙师长比较有表达意见的弹性。孙师长觉得电话中讲不清楚，于是马上派出师参谋长张柏亭上校赶往长官部申述意见。

张参谋长在前往长官部的路上，亲眼见到溃兵与伤兵正从小南翔方向退下来，秩序非常混乱。而日军飞机就在上空盘旋，任意扫射。张参谋长的座车沿中山大道赶往沪西，中途就因为遭到多次空袭，所以不得不走走停停找掩蔽。张参谋长在中山大道第51号桥边下车，沿桥下的小河向西走了1公里多，过了道小桥是一片竹林，顾长官的长官部就隐蔽在竹林中。顾长官本人则在一间小茅屋内指挥作战。虽然顾上将是堂堂的战区代理司令长官，但是长官的指挥所居然就在沪西郊区，离战场不到20公里。

当张参谋长见到顾长官时，顾长官正在研究地图。张参谋长在大概报告了闸北地区的布防状况之后，忍不住多了句嘴，将他沿途所见报告给顾上将参考，请顾代长官考虑"将指挥所移到更适当位置"。小上校明显对上将的过人胆量感到心惊肉跳，然顾长官却不以为然。

在顾长官又将委员长的命令强调一遍之后，张参谋长紧张地对上将报告道："委员长的命令当然绝对服从，不过就任务执行的效果，有些意见孙师长要我来面报。"

顾长官停下对地图的研究，向张参谋长点点头，让他接着说。

"闸北除市街之外，市郊一片平坦，毫无隐蔽，地形上不具备游击战的条件。至于分守据点，事实上也有困难。因为本师已经先后补充五次兵力，目前老兵只有十之二三，这就像一杯茶，冲了五次开水……新兵连枪都没放过，目前全靠干部与几成的老兵在阵地上支撑，对新兵且战且训，渐渐在实战中锻炼战技，层层节制在各级干部掌握与老兵带头之下尚可保持战斗体系，一旦分散配置则维系力顿告消失，期望发各自为战的效果，恐怕难之又难。"

顾长官的好处就是一向能体恤下情，于是顾长官让张参谋长讲讲看法。张参谋长接着报告道："部下的想法，委员长训示的是目的，是要强调日本军阀的侵略行为。上海是一个国际都市，中外视听所系，要在国联开会时把淞沪战场的实况带到会场去。既然如此，似乎不必要硬性规定兵力，也不要拘泥方式。尽可授权担任的部队斟酌状况作适切处置。"

看见顾长官表示赞许，张参谋长大胆地提出孙师长的规划："依部下看，留置闸北最后阵地的部队，兵力多是牺牲，兵力少也是牺牲。同时，守多数是守，守少数地点也是守，意义完全相同。"

顾长官说道："孙师长电话中也曾提到这些，但没有说明究竟留置多少兵力，守备何种据点。"

张参谋长见到顾长官不反对，知道自己拯救了整个师，非常高兴，但是他也没一套详细规划，所以他只概略地建议拨出一个团的兵力，守备一两个据点。顾长官知道第88师需要规划，于是微微一笑，让张参谋长马上回部队："时间不多了，你赶快回去告诉孙师长，就照这样办。今晚就要部署完毕，一切我会报告委员长。"

抗日英雄
谢晋元

说完，顾长官伸出手要与这位第一次见面的小上校握手，小上校诚惶诚恐地握了握上将的手，然后立正敬礼，心中对这位上将的大将风采由衷感到钦佩。张上校离开指挥所之后发现中山大道在丰田纱厂路段已经被撤退的车辆堵住。一名左臂负伤的第87师排长抄着一挺轻机枪跑到张参谋长面前，告诉参谋长前面已经无法通行。张参谋长只好绕道到曹河泾，转入租界，再从租界赶往苏州河畔，找了条舢板划回师部。此时第88师的师部就设在日后将会名扬中外的抗战圣地——四行仓库。

当张参谋长赶到四行仓库师部时已经将近下午 5 时 30 分，孙元良师长告诉张参谋长已经接奉顾长官电话命令，留置一个团在闸北继续抵抗。对于留守四行仓库的兵力配置，孙元良师长考虑到实际情况，说："一个团的兵力太多，在给养、卫生、休憩等方面反而不便，因此以达成上级意图为目的，权宜变更为一个加强营。以 524 团一营为基干，配属必要特种部队，由中校团副谢晋元率领，只有他合适担当此艰巨任务。"在全军退往沪西前，孙元良命令谢晋元到四行仓库司令部来，亲自下达给他"死守上海最后阵地"的命令。孙元良的脸色严峻："命你们至少坚守三天，能顶得住吗？"

"师座放心，只要有一个人在，四行仓库就不会丢。"谢晋元立正回答，"为争取我国家伟大之人格，宁洒最后一滴血……"

"好，颇有'风萧萧兮易水寒，壮士一去兮不复返'的气概，你还有什么要求？如对家庭……"战场拼杀，生死难卜，出于及对下属的关心，孙元良直言相问。

"来不及写信了，卑职一旦去而不返，烦师长转达我妻维诚：国与家，国为大，教导儿女，以父志为志。"

"一定负责转达……"孙元良倒了两杯白兰地，递给谢晋元一杯，"祝胜利成功！"

"杀敌至果，誓与阵地共存亡，必达任务之完成。"谢晋元豪情满怀，一饮而尽。

孙元良嘱咐谢晋元说："你们最好把指挥所和核心部队位置放在四行仓库。这幢庞大的建筑物，不只坚固易于防守，同时更易于掌握部队。我们的新兵实在太多，这里粮弹存储很多，为防自来水管被截断，饮水也有存储。有这样好的根据地，你们可以坚持下去，好好地打仗了。"谢晋元接过手令，回答道："请师长尽快后撤吧！"然后立正，向师长敬了个军礼。

正如张元良师长所言，四行仓库是个适合驻军死守的地点。四行仓库是金城、大陆、盐业、中南四个银行储蓄会的堆栈。当时的"四行"有中国、中央、交通、农民银行的"大四行"；有浙江兴业、浙江实业、上海商业储蓄、新华信托储蓄银行的"南四行"；有金城、大陆、天津盐业、上海中南银行的"北四行"。"北四行"先后成立于1915—1921年间，为了巩固和扩张势力，共同组建"四行联合营业事务所"，于1923年合办"四行储蓄会"和"四行准备库"，1935年国民政府币制改革后，"四行准备库"宣告结束。1937年1月另设"四行信托部"。四行仓库就是"北四行"建造的，全称为"四行储蓄会上海分部仓库"。仓库位于苏州河北岸新垃圾桥（现西藏路桥）的西面，东临北西藏路（原虞洽卿路）与公共租界相邻；西面是满洲路、南倚光复路、北靠国庆路，是一幢五层楼的钢筋水泥建筑。四行仓库雄踞于苏州河北岸，高于周围其他银行、钱庄的仓库，如鹤立鸡群似的巍然屹立。仓库分为东西两部分，西面是四行仓库、东面是大陆银行仓库。银行为了防止货币贬值，将吸收的存款储存物资，起保值作用，客户的抵押物品也在此存放。仓库内储存了几万包粮食、大量的牛皮、丝茧、桐油等物资，再加上墙厚楼高，易守难攻。

27日凌晨时分，谢晋元冒着猛烈的炮火，急急忙忙赶到四行仓库，与参谋长张柏亭少将进行防务交接。

行军作战，首先要鼓舞士气，尤其是孤军守城，更是要有以死报国的决心。谢晋元自黄埔军校第四期政治系毕业后，历来注意对部队开展政治教育，谢晋元一进入仓库，来不及卸甲，立即与杨瑞符商议，召集连排长说明奉命死守上海闸北最后阵地，他说："弟兄们，本人奉命率领大家据守四行仓库，掩护

大军撤退。现在，乘战斗的间隙，我跟大伙儿说几句：一来与大家见面，互相认识。二来，同大家讲清任务。国家兴亡，匹夫有责，我们是中国人，要有中国人的志气。四行仓库已是闸北最后一块属于中国军队守卫的国土，日

军三面重重包围，另一面是公共租界，我们第一营已是离开大部队的一支孤军，没有退路了。本军所奉的命令是死守四行仓库，与最后阵地共存亡。所以，这个四行仓库就是我们400多人的坟墓，我们全部都要战死在这里。我们中间只要还有一个人在，就要坚守阵地，只要我们还有一个人，就要同敌人拼到底！我们是中华民族的子孙，志士仁人无求生以害仁，有杀身以成仁。我们存在一天，决与倭寇拼命到底！与阵地共存亡，坚决完成任务。"说到这里，谢晋元停顿了一下，深情地望着这些生死与共的弟兄。

一百多名战士排列成整齐的队形，一声不吭，硕大的仓间像空无一人那样寂静，仿佛一根针掉在地上的响声都能听到。战士们有的还沉浸在杀敌报国的兴奋中：死就死，怕什么，杀一个鬼子，够本儿，杀两个，还赚个，死了也值。也有些小战士，年龄只有十六七岁，都因家里穷才出来当兵，猛一下子听到谢晋元说"大家都要死在这里"先想到舍不得自己的父母亲人，想着想着，不由暗暗伤心，抽泣起来。

谢晋元看着一些伤心的战士，继续讲起日本侵略者自"九一八"以来六年间、特别是"八一三"抗战二个半月来所犯下的种种暴行，他说："军人爱国，古人只有三个字——不怕死！我们要清醒地知道：日本帝国主义亡我之心不死，他们把东三省搞成"满洲国"，把东北百姓变成了亡国奴！亡国奴过的是什么日子呢？就是过马路都向日本旗子鞠躬，向日本人让路，连中国话都不让你说！谁不想过太平日子！可太平日子也是血换来的！谁不爱惜自己的生命？谁愿意死？但是，亡国灭种的灾祸在眼前，我们作为中国军人，挽救国家民族，是我们应尽的责任。男子汉以家国为重，怎能贪生怕死？"停了一下，谢晋元一字一句接着说："我也有年迈的父母，也有挚爱的妻子和幼小的儿女。但是，为了保卫国家、挽救民族危亡，使我们的子孙后代不当亡国奴，我谢晋元愿和大家一起共同坚守这最后阵地，绝不会抛弃大家，自己一个人跑掉。我将和你们一起与仓库共存亡，坚守在这里，战斗在这里，牺牲在这里。"

听到这里，全体战士热血沸腾，群情振奋。有人带领大家高呼口号："不怕牺牲，血战到底！坚守最后阵地！打倒日本帝国主义！中华民族万岁！"

杨瑞符接着说："刚才谢团长已将这次的任务讲了，本营此次留守闸北，限于时间紧促，未能预先将任务明白告诉大家。现在，各位已经完全明白了，望各位爱国的男儿，都抱定必死的决心，和谢团长、本营长死在一块儿吧！"

各连排长也都憋着一口气要与日本鬼子决一死战，听了谢晋元的话，情绪激昂。官兵们视死如归，决心以身许国，以自己的牺牲掩护全体守军安全撤退。谢晋元又立即与营连官兵上下各楼，俯瞰远眺四周的地形地物，布置防务，不断下达命令。

"一连派出一个排，目标西北方向，在各路口加放步哨，并以一个班巡逻各街巷。重机枪三排上楼顶，对空监视，注意伪装。各连迅速装灌沙袋，将四周门窗全部堵塞，只留枪眼，不及运沙时，可用仓库内的粮食装袋代沙。"

各将士按命令分头设防。第三连二排长尹求成率两个班在蒙古路旱桥一带警戒；第一连警戒仓库东边西藏路一带；第三连守卫仓库西边，监视交通银行方向；第二连守中间，警戒仓库周围。机枪连以二挺高射机枪布置在屋顶平台二侧，担任防空警戒，其余六挺重机枪、27挺轻机枪分别配置各连，以东西两头的一连、三连为主。用沙包和仓库物资将前后大门及窗户堵死。为防止黄豆包中弹后，飞溅伤人，以一层牛皮、丝茧或白报纸夹几层黄豆包，从地上直堆到顶上，要堆3—5米厚度。南面光复路大门留一条空隙，允许人员进出外，其余全部堵上。二、三、五层窗户堵塞一半，留另一半在每一窗口派两个人日夜监视敌人，可以投弹和射击。命通讯兵将仓库电源全部切断，以便部队隐蔽，同时防止敌人利用电线纵火。25岁的二连二排三班上等兵张秋明读过几年书，会修理、会电工，听说要切断电源，马上前去帮忙，很快就弄妥了。

谢团长不断巡视，喊道："不能让日本人把仓库攻下来！"战友们个个回答："誓死不做亡国奴！誓死不做亡国奴！"

一连代连长陶杏春命令三排九班班长余长寿率部完成打

墙洞等任务。余长寿带领本班战士先在四行仓库与大陆银行仓库底层之间打通一个大洞，一人高，二三人宽，可以互相来往。再在大陆银行东墙打穿一个高、宽均约一米的洞，与墙外的烟纸店相通。烟纸店上好门板，店外再以沙包堆没，二楼窗口安排 4 名战士、一挺轻机枪日夜警戒。必要时可以通过喊话，与西藏路桥北堍碉堡内的租界英军联系。

谢晋元从多年的战斗经验中知道，战场情况千变万化，什么事都可能发生。为防不测，他下令从各连抽调勇敢、机智又不怕死的骨干20余人，组成敢死队一个排，每人在胸前缝上"决死队"的符号，由自己亲自掌握，以防万一。被抽为敢死队的战士昂首挺胸，手持武器，士气如虹。

谢晋元慷慨激昂地说："现在我们已成孤军，这仓库是我们中华民族的领土，我们一定要捍卫它，哪怕只剩一人一枪一弹，也要坚持到底，与阵地共存亡！"

"决死队"队员异口同声高喊："死守！死守！"喊出了舍身报国的豪情万丈。

同时，谢晋元命令各连清点人数，造好名册，以便牺牲后按名册上报，并优抚其家属。还在仓库外面布置一支部队，沿光复路仓库两侧各安排两个班战士，堆砌沙袋工事，阻止敌人，掩护仓库内工事作业。

我军的行动，很快便被英军发觉，英军立即将情况报告租界英军司令。租界英军司令史摩莱特少将接到报告：在租界边上的四行仓库有一支中国军队在作防御工事，准备与日军战斗。英国方面担心战火殃及租界会损害租界的安全，于是派遣英国军官两人来到四行仓库，要求会见我指挥官，谢晋元接见了他们。英国军官转达了上级的意见，要求我军停止战斗准备，放下武器，可以由租界撤出。英军官再三劝说道："今晨四时前，闸北华军已全部撤退完毕，日军并未追击。贵军掩护撤退的任务已经完成。天亮以后，日军必然会大举进攻。现在正是你们通过租界退出战场的最好时机，希望珍惜生命，不必作无谓的牺牲。"

　　谢晋元坚决拒绝了英军的要求，表示奉命坚守四行仓库，一定要完成任务。他说："我们的魂可以离开我们的身，枪不能离开我们的手。没有命令，死也不退。"英国军官听了这番可歌可泣的话，对我军视死如归的精神表示万分钦佩与同情。英国军官询问了主官的姓名及战士人数。其实此时留守四行仓库的不过400余人，但为了迷惑敌人，壮大我军声势，谢晋元便答："八百人"。

　　英国军官走后，谢晋元看着平静的江面，仿佛看到家人在老家的乡村安乐地生活着，仿佛看见妻子在为母亲和儿女们读着他写的家书。谢晋元思绪万千：这次任务确实非常危险，"与仓库共存亡"的决心已经下了，自己牺牲也无所谓，可是实在放心不下妻儿老小啊。父母年迈，子女幼小，妻子一人担着全家人的重担。作为儿子、丈夫、父亲，自己是不够格的，可是国家危难，以国为重早就是自己不二的选择，但求家人平安，只有多杀日本鬼子才算稍稍减轻自己对家人的愧疚。秋风萧瑟，使站立六楼平台上的谢晋元不由自主地打了一个冷战，眼前的现实，使他又担心起战事来。

敌人大量炮弹狂轰，烧夷弹引起的大火把广大闸北地区全部烧毁，到处是漫天的大火，浓烟滚滚，遮天蔽日。昔日繁荣热闹的景象荡然无存，只见满目疮痍，一片惨象。闸北的民众不得不扶老携幼，如潮水般涌向租界。租界的人口从150万，一下子猛增到400多万。大量的难民有的挤在临时办起来的收容所内，有的流落街头，生活很是悲惨和凄苦。

在此之前，日军虽然占领了闸北、虹口、杨树浦，但两个半月的激战也付出了重大的伤亡，第88师在闸北的抵抗，更是使"皇军"的威风扫地。恼羞成怒的日寇，以疯狂的手段，残害中国的平民百姓，肆意发泄其野蛮的兽性。据当时报纸报道，日本鬼子常以搜查为名，封锁各处路口，挨家挨户，逐屋搜索和稽查，稍有怀疑者，立即予以枪毙；每户人员均逐一登记，到晚间再行查对，人员如有增加或减少，即全部枪杀；男子肩上或手上的老茧，如与枪身摩擦或扣扳机的部位吻合，即予以枪杀。中国民众的财产和箱笼物件均被劫掠一空。年轻女子或被奸淫，或被掳走，受尽其残暴的蹂躏。不论男女老幼，一概要在大腿上加盖"日本"二字的火印，不愿加盖者，立即枪毙。凶残的日本强盗，杀人如同儿戏，把中国老百姓当牲畜一样对待。抢劫、杀人、强奸，到处放火，把苏州河北岸华界的土地变成了血淋淋的人间地狱。对于这种残暴的敌军，我们的战士怎能不恨呢？对敌人的恨，对百姓的爱让我们的战士们更加勇敢！

27日清晨，阴沉沉的天空露出了鱼肚白，新的一天到来了，新的战斗也开始了。此时，闸北街头空空荡荡，原来我方为保持实力，大军已经撤离，一早醒来的日本军队这会儿才发觉，于是，日军就向中国守军放弃的阵地搜索前进。当他们发现四行仓库一带有中国军队的时候，又是大吃一惊。因不知虚实，日寇并不敢轻易进犯，只用火力进行侦察。慢慢地，日军的头领们就开始意识到四行仓库是一块难啃的骨头。日军虽有坦克，但四行仓库工事坚固，坦克冲不垮；虽有飞机，但这里紧靠租界，不能轻易投弹轰炸，万一误炸租界会引起国际争端；甚至连远程大炮也不能使用，只能用轻型炮火轰击。

午后2时许，蒋敬班长发现一股日军从西边的交通银行出发，打着太阳旗，大摇大摆地向满洲路搜索而来，班长立马通知部队加紧准备，当其进入我军射程之内时，我军出其不意，先投了十七八颗手榴弹，紧接着用机枪、步枪一阵猛扫，打得

抗日英雄
谢晋元

敌人匆匆向后逃窜。

谢晋元、杨瑞符听到枪声，立即在楼上用望远镜瞭望，看到蒋班长连续两次击退来犯之敌，谢晋元预料敌人一定还会有第三次且是更大规模的进攻，于是谢晋元立即叫传令兵通知蒋班长，如抵抗不住，撤回仓库，一来保护我军有生力量，二来引敌跟踪深入。果然不出所料，100多敌人在一辆坦克的掩护下，气势汹汹地又从满洲路前来进犯了。蒋班长率领全班士兵奋起还击，但日军来势凶猛，敌众我寡，我部子弹、手榴弹就快要用完了，形势越来越不利，战士们也越来越紧张，蒋班长正准备撤回仓库，突然中弹倒地，身负重伤。他咬紧牙关，一面命令副班长带领士兵边打边撤，一面打开两枚手榴弹的盖子，把弹弦咬在口中。这时，冲在前面的敌人已到跟前要伸手抓人，蒋班长拉断弹弦，"轰"的一声，眼前之敌被炸倒了，而蒋班长也光荣地牺牲了。谢晋元亲眼看见蒋班长壮烈牺牲的情景，热泪盈眶。蒋班长舍身阻敌，使撤回的士兵安全地从沙包上爬入仓库。这时敌人先头部队也已经冲到四行仓库附近，谢晋元见敌全部进入火力网内，立即下令射击。一声军号响，满洲路两边民房的伏军一齐出击，与仓库楼上形成交叉火力，在仓库四周织起了一张严密的火网、日军顿时被撂倒一片，两辆战车也被我们勇敢的战士击毁。狡猾的敌人又从西边贴着墙角偷偷地聚集在仓库西南墙根下，企图躲过我军机枪扫射。逐渐地在光复路 21 号大铁门外汇集了七八十人之多，如果此时铁门被敌人爆炸破坏，后果将不堪设想。发现了敌人的阴谋，谢晋元立即向尹求成排长吩咐几句。只见尹排长马上率十名战士搬了一箱迫击炮弹到六楼平台，装上引信，扔向敌群中。迫击炮弹尾部四片尾翼，像一枚枚小炸弹一样，头朝下触地就炸，一棵抵四五棵手榴弹的威力，炸得铁门外的敌人哇哇乱叫，一下子被炸死伤 30 余人，剩下的全部逃光了。日军受挫后调整部署，以小批部队轮番进攻，想消耗我军实力。但我守军严密防守，组织了凶猛的火力网，敌人冲到哪里就打到哪里，根本不让敌人靠近仓库。双方相持到午夜 1 点多，枪声才逐渐稀少。第一天战斗，日军死亡 80 余名，伤者不计其数，大败而去。

一支孤军坚守闸北，与数以倍计的日军艰苦作战的消息，迅速传遍整个上海。许多中外记者纷纷涌入租界，通过各种途径，打电话或者递纸条来了解内情。一位路透社的记者打电话问："请问贵军共有多少人？"当时谢晋元正在三楼指挥迫击炮排向敌人射击，传令兵来问怎么回答，他头也不回地说："像原来一样，就告诉他，八百人。""八百孤军坚守四行"的消息，就这样传遍世界。

入夜，敌人害怕我军打击，不敢轻举妄动。他们偷偷派出军犬，想乘夜暗将其士兵的尸体衔拖而去。我军先让敌犬靠近，等其衔拖尸体行动不快时，以步枪射击，一枪一个。打死二头

053

抗日英雄
谢晋元

军犬后，其余的军犬也不敢上前了。晚上10时，敌军又从仓库四周纵火，烟雾弥漫，火光满天。敌人的轻重机枪也不停地扫射，子弹乱飞。我军密切注视敌军动态，加强防备，同时赶做防御工事。

28日凌晨1时30分，敌军枪声逐渐转寂，夜晚趋于平静。谢晋元在三楼指挥部里回想这一天的战斗经过，从紧急接受任务到历经曲折进入仓库，从积极备战到打退敌人连续发起的三次进攻，共击毙七八十名敌兵，我军也牺牲了9人。"阵地暂时守住了，可工事还要加固，今后的战斗会更加激烈。要动员全体官兵，不怕牺牲，上下一心，坚决完成最高统帅部交给的艰巨任务，为中华民族争光荣。紧张的战斗过后战士吃不上一顿热饭也不行，得想个法儿……"谢晋元的心事更加沉重了。

突然，二楼响起一声枪声，在寂静的夜晚特别清脆。不久又听见手榴弹的震耳爆炸。谢晋元连忙叫身边的卫兵及敢死队员共10余人，如飞般地冲向楼下。此时，二楼西北角窗口又响起一枚手榴弹的爆炸声。原来，敌军40余人趁我军疲惫入睡之时，沿着大楼的水管及墙角突出部攀爬到二楼窗口。守卫该处的二连三排两名战士，张傲林抱着枪守在窗口，郭兴发靠在二米外以杂粮麻包垒起来的矮墙上，眼睛盯着半扇窗口照进来的一点亮光。经过一天的战斗，张傲林的心情刚有点放松，处于半睡半醒的状态。刚才看漆黑的窗外没有什么异常，一会儿突然听到步枪碰到墙上"扑"的一声，睁开眼一看，一个日军已爬上窗口，手握明晃晃的刺刀当胸刺来，张傲林本能地往右一侧身，刺刀扎在左臂上，血流如注。他也顾不得疼痛，赶忙向后一个翻滚，躲在麻包后面，对着窗口就是一枪。枪声就是警号。日军三四个人加速翻窗进入仓库。与此同时，郭兴发也跳到麻包后边，拔出一枚手榴弹就扔了出去。日军不顾伤亡，快速翻窗进入。郭兴发、张傲林两人同时后撤，利用仓库内的物资、货架及杂粮堆起的一堵堵矮墙，与敌人迂回周旋。张傲林抽空用毛巾包扎住自己左臂的伤口，郭兴发向窗口又扔出一枚手榴弹。

谢晋元率领敢死队员赶到时，敌军已从窗口陆续爬进 20 余人，他命令二连长邓英率二排（排长李春林）守住仓库中间的楼梯及通道，不让敌军进入，然后往西挤压敌人。他指挥敢死队员，防堵南面，两人从不同角度以步枪封锁窗口，不使敌兵再入。然后约定信号，从两面同时进攻，投以一批手榴弹，沉着的口令响起："上刺刀！"为蒋班长等九名战友报仇的时候到了，官兵们端着长枪，以刺刀冲杀，将进入仓库的 20 几个敌人全部消灭。为表示愤慨，我军官兵将日军的尸体一具具地从窗口扔出去，吓得一些躲藏的日军四散逃跑。

28 日清晨 6 时许，苏州河两岸雾气重重，10 余名日军以晨雾为掩护，悄悄接近。在楼顶的壮士们用眼睛、耳朵搜索着四周的动静。雾散日出，敌人分路冲锋，有些已到了楼下枪弹难以击中的死角。"上楼顶"。谢晋元带着一个排，从天窗翻到顶上，连连挥手，手榴弹从天而降，"哄……"敌人立时血肉横飞，哀嚎声声。

似有铁器撞在墙壁上，谢晋元示意众人隐蔽，他猫着腰，踮着脚尖前移几步，俯耳屋面板边缘听了听，退到蓄水池一侧。原来一个日军沿着排水管攀爬上来了，刚才是三八大盖碰着了水泥墙壁，发出了响声。那日军慢慢探头楼顶上，见空无一人，脸上掠过一丝得意，把枪挂在颈上，两手一撑，落在屋顶上。谢晋元趁他立足未稳，似旋风般扑了过去，一个扫堂腿，日军后腿弯早中了一脚，身子一仰，往后便倒。谢晋元学过南拳，又精太极拳，两脚一蹬，腾空而起，跌坐在日军的胸腹之上，

抗日英雄
小故事

着身瞬间，运气用力下蹲，敌内脏已伤。敌人被谢晋元狠命卡住脖子，太阳穴又挨了几拳，双脚乱蹬了一阵，眼一翻，成了异国之鬼。又一顶钢盔冒出了楼顶，谢晋元不及起立，两手支地，扭腰出腿，对着钢盔用劲一踢。一声嚎叫，鬼子倒栽楼下，命归黄泉路。当敌人拖着尸体退去时，我军壮士在楼顶作招手状，并大呼："欢迎明日再来。""OK，OK！"与四行仓库一路之隔的碉堡里，住着一小队英军，见状后忍俊不禁之余，伸出大拇指，对我壮士在战火中的悠闲风趣赞叹不已。继而又伸出小指，指指狼狈逃窜的日军，爆发出一阵轻蔑的嘲笑。

这一天，日军的攻势比昨天更猛烈。区区弹丸之地，硝烟弥漫，枪炮之声终日轰响不息。守军在市民的激励下，越战越勇。恼羞成怒的日军为拔掉四行仓库这颗眼中钉，派出一队日军，用坦克掩护，冲破火网拦阻线，企图冲到仓库下用烈性炸药炸毁仓库。危急关头，身上缚满手榴弹的敢死队员陈树生，拉燃导火索，从三楼窗口一跃而下敌群，"抗战胜利万岁"，只听一声轰然巨响，咱们的战士与20余名敌人同归于尽，坦克也不能动弹了。敌人惊呆了。仓库内，谢晋元泪眼模糊。他为勇士舍生取义的气概而流泪，有这样的勇士，他相信阵地不会丢，国家不会亡。

夕阳西下，敌人再次退去了。突然营长杨瑞符指着苏州河惊叫起来："团长，你看！"谢晋元顺着他手指的方向望去，有人正泅水过来了，还是个女孩。"杨营长，派人下去看看……"

"壮士们，给你们送国旗来了！"女孩子还未上岸，就仰头高喊。她，就是名噪一时泅水送旗壮军威的女童子军杨惠敏。杨惠敏由杨瑞符引导进入四行仓库，解下系在颈上的国旗，献给谢晋元："敬爱的谢团长，敬爱的将士们，请高悬国旗，继续战斗！"

"谢谢您，谢谢上海同胞"，谢晋元为杨惠敏揩去脸上的水珠，"叫什么名字？"

"杨惠敏，在中国童子军战地服务队服务。"

"那么深的水，鬼子又在打冷枪，你不怕？"

"壮士们舍生忘死的精神鼓舞了我，我们童子军是中华民族的子孙，为了打败东洋鬼子，牺牲也值得。"

"人小志壮，你泅水送旗的勇敢行动，必能激励我全体将士奋勇杀敌"，谢晋元爱抚地为她理顺头发，"这里太危险，我们送你回去。"

"报告团长，我要留在这里，与壮士们并肩战斗。"杨惠敏向谢晋元行了个童子军军礼，请求再三。但是，谢晋元硬是把杨惠敏送出了四行仓库，他实在不能忍心让一个孩子置身四行仓库这样危险的地方。"好好活着，为了中国的明天，好好活着！"

战士们看到国旗都很兴奋，但大部队官兵已经两天两夜没有睡觉了，也没有吃过一顿像样的饭菜，士气不免有些低落。这晚，炊事兵忙碌起来，要让大家饱吃一顿。饭后，营长杨瑞符对谢晋元说："趁着弟兄们正在兴头上，我看，再加一把火。我把大伙集合起来，你给煽乎煽乎吧！"谢晋元点了点头。不多时，除警戒哨兵外，全体集合完毕。几个伤兵也由别人搀扶着站在队伍中间。

"两天的仗打得不错，弟兄们辛苦了！"谢晋元对大伙鼓励了几句，紧接着就"咚咚"击鼓："但是，这只是小胜，只是开头。我们的处境，不用我说，大家都清楚，我们前面是日军，枪口对着我们；我们背后是租界，巡捕、商团，也拿着枪，在瞪着我们。而我们，手里拿的也不是烧火棍，我们怎么办？"

"死守！"一声发问，如同一道闪电，燃响了一片惊雷。

"是的，没有退路，只有死守，我们要与四行仓库共存亡！"谢晋元最后说："各位都有亲人、家小，要留什么话，都写下来，我保证派人送出去。每个人都要写。"谢晋元讲完，队伍散开了。大家都想着写封信，交代好后事，从此安心杀敌。

回到自己的指挥位置上，谢晋元打开皮包，掏出一封淞沪抗战爆发后写给妻子的但未及发走的信。信中的内容日夜萦绕在他心头，信中写道："……半壁河山，日遭蚕食，亡国灭种之祸，发之他人，操之在我，一不留心，子孙无类矣！为国杀敌，是革命之素志……"两个月前写给妻子的信，如今再细细默读，

勾起千种思念，万般情爱。谢晋元觉得言犹未尽，似应在信中

末尾再添几句。刚要提笔，一阵枪声猝然响起，他飞身下楼。

枪声来自大楼北侧。原来是一队日军乘着夜黑，向四行仓

库国庆路进行偷袭，杨营长正在指挥部队狙击。原来日军偷袭

计划破产后，为了泄愤动用飞机扫射，同时使用汽艇从苏州河

上扫射，掩护步兵强攻。但是，这种进攻还是没有得逞，我军

在四行仓库六楼平台两侧各架一挺高射机枪，敌机稍有低飞，

即行射击，使得敌机不敢低空俯冲及投弹，每当我军发现敌机

接近，重机枪发出的几条火舌便同时射向空中，只见一架敌机

尾部冒烟，歪歪扭扭向西北方向逃去。中国守军在一天之内，连续打退了他们四次进攻。日军指挥官见连续两天遭到挫折，恼羞成怒，兽性大发，下令将四行仓库周围的房屋全部烧毁。此时，只见整个闸北浓烟冲天，大火弥漫，在烟火笼罩下，阴霾的天空更显得暗淡无光。四行仓库就像火海中颠簸的一艘船，似乎随时会被大火吞噬，又像经受狂涛激浪冲击的巨石，火浪卷过仍巍然屹立。

29 日晨曦初现，朝霞万道，青天白日满地红国旗在四行仓库搂顶迎风招展，猎猎作响，使四周的膏药旗黯然失色。"八百孤军安全无恙，我壮士高揭国旗，四行仓库坚若堡垒，日军屡攻不克"的最新消息，通过无线电波，通过报纸，传遍上海，传遍全国，传遍全世界！

战至 29 日，形势更加险恶了。谢晋元疾步走向平台的西南角，命令监视哨加强瞭望，如有敌人进攻随时报告。从六楼平台俯视，交通银行仓库屋顶敌军机枪阵地一目了然，他命令以机枪压制敌人，消灭其有生力量。光复路交通银行仓库门口有四五名敌兵走来走去，从仓库内搬运子弹及炮弹，供苏州河边敌人机炮阵地使用，两个鬼子还在挖掘工事，企图以工事接近我军阵地进行袭击。谢晋元一看敌兵旁若无人的样子，怒火直冲心头，他从旁边哨兵手中拿过一支步枪，瞄准三四百米开外正在搬运炮弹箱的敌兵射击，"叭"的一声，一个日本兵应

抗日英雄
谢晋元

声倒地。当敌兵受到突然打击，惊呆的一刹那，谢晋元又装上一颗子弹，"叭"的一响，第二个鬼子兵又中枪毙命。其余敌人这才如梦初醒，皆惊慌而逃。可不久大股日军又来进犯。我军早有准备，集中各层楼的火力狠打一阵，敌人不得前进，伤之无数，只好撤走。下午，日军用小炮来轰击，击毁仓库旁边的民房，并纵火焚烧，使我军外围伏兵无处藏身，撤入仓库。此时，四行仓库真正成了一座孤堡。

然而孤军不孤，与我们的战士并肩作战的，是我们的百姓，是更多的中国人。"八百"壮士坚守闸北四行仓库孤军奋战的消息，使上海市民无比振奋，他们为战士们宁死不屈的英勇行为所感动、所激励。在"八百"壮士英雄行为的鼓舞之下，上海各界人民怀着对祖国无限的热忱纷纷行动起来，有钱出钱，有力出力，想尽一切办法支持和援助我军的抗战斗争，在上海掀起了一场声势浩大、空前规模的支援抗日的行动。

苏州河南岸属租界，日军怕引起国际争端，不敢向租界境内开枪。居住租界的中国市民纷纷登上楼顶、阳台观战，为"八百壮士"助威。每见日军被击毙时，叫好声、鼓掌声响成一片；不少人高兴得手舞足蹈，把帽子抛上了天！"抗日将士万岁，'八百壮士'万岁"、"打倒小日本"的呼号声此起彼落。

"东洋鬼子又来啦！"几个小孩用手搭成话筒状，齐声隔河高喊，"在那里，在那里！"他们跳着，叫着，指着日军所来的方向。

"砰砰砰……"一个戴眼镜的男子用劲敲着小黑板，似引起壮士们的注意，黑板上用粉笔写着几个大字："战车一辆，沿西藏路向南。"

"喂，喂……"穿丝绒旗袍的时髦女子，指着四行仓库斜西北的岔路口，尖声高叫："8个，8个矮日本！"

同胞虽隔河，抗敌一条心。市民们在南岸欢呼呐喊，助壮军威，用各种方式，向壮士们报告日军进攻的时间、方向、人数，给了"八百壮士"以有力支援；上海大小各报记者，冒着随时被流弹击中的危险，采写战地新闻，沪上最大的报纸《申报》详加报道"八百壮士"英勇杀敌战况战绩。有关"八百壮士"的报道，从标题到内容均充满激情，读来令人感奋，如闸北我军昨晨拂晓前安全撤离，但此非闸北已全无我军踪迹，八十八师一营之忠勇将士八百余人，由团长谢晋元率领，尚在烈焰笼罩敌军重围之中，以其最后一滴血与一颗子弹，向敌军索取应付之代价，正演出一幕惊沃地、泣鬼神，足以垂青史而不朽之壮烈剧战。（10月28日《申报》）

我孤军誓保闸北一块土，民众瞻仰隔河齐呼万岁，昨敌猛犯十余次，均为击退。（10月29日《申报夕刊》）

闸北谢团八百孤军，雄踞危楼安然无恙，外人敬其忠烈，沪民为之感泣，青白国旗飘扬，独现无上光辉。（10月29日《扫

抗日英雄
谢晋元

荡报》)

　　危楼孤军决死御敌的消息飞传大街小巷，市民纷纷奔向四行仓库方向。租界当局为策安全，在西藏路桥南端、新闸路长沙路口等处布下了铁丝网。青壮男女，黄童白叟群集铁丝网前，踮足翘首，想要瞻望"八百壮士"杀敌的壮烈场面，这其中还有不少是外国友人。他们时而高呼口号，时而呐喊助威，或遥向四行仓库脱帽鞠躬，向壮士们致敬。

　　进入四行仓库之初，谢晋元即向上海各界发出呼吁："请接济糖、盐各五百磅，光饼五万张，则我全营忠勇壮士，可与敌死拼一周，死而无憾。"此项呼吁，通过电台、报纸传向全市，各界闻风而动，地无分租界华界，人无分男女老幼，争相解囊，捐赠糕饼、水果、食盐、红白糖、酱油、罐头、汽水、现金……各公团推派代表，与租界工部局洽谈获准后，将物品运至四行仓库东南角的杂货店，送到"八百壮士"手中。各食品加工厂、糕点摊，夜以继日赶制美味可口的糕饼，取名为"抗敌饼"。

　　各界的慰问函电，似雪片般飞向四行仓库，有赞颂、有鼓励、有誓为后盾，无不热情洋溢，使"八百壮士"深受鼓舞，勇气倍增。救国会理事何香凝也致函谢晋元，慰勉"八百壮士"，信中这样写道：

谢团长并转亲爱的八百勇士们：

我在报上看见你们英勇豪壮的气概，使我感动得流泪，但是，等我跑到桥边，却又不能通过，只有静穆地向对岸注视，遥寄我满腔虔敬亲爱之忱。你们每一个人，都已充满了孙总理和瘳党代表的革命精神、牺牲精神，不论是成功或成仁，都可以俯仰无愧了。殉国的将士，将因为你们而愈伟大；前线的将士，将因为你们而愈英勇；全国同胞，将因为你们而愈加团结；国际人士，也将因为你们而愈能主张正义了。

我已设法送给你们些救伤药品和食品，聊表心意。盼你们奋战苦斗，牺牲到底。

专此敬致

敬礼！

八百孤军的壮举，同时赢得了国际友人的尊敬与支持。当日军汽艇被民众船只拦截欲行武力时，英租界当局以流弹误入租界为由，迫使其退出了苏州河。在此以前，日军司令部准备以飞机、坦克轰击四行仓库，英、美、法等西方国家驻沪领事以同样理由，一致反对。日方担心引起与西方的冲突，只得作罢。

傍晚时，又一批慰劳品通过杂货店送进了四行仓库。"谢团长"，负押送之责的总商会代表从窗户中发现了谢晋元，惊喜地边喊边招手，"鄙人是总商会会董，谢团长率八百壮士踞守危楼，奋勇无敌，此种坚忍不拔、不吝牺牲之精神，令我商

抗日英雄
谢晋元

界同仁敬佩之至，谢团长还需要什么就只管说，本会必尽力而为，不惜毁家纾难……"

"感谢总商会及各界的鼓励、支持，请转告贵会全体同仁，军人以服从命令为天职，保卫祖国，职责所在，洒尽最后一滴血，必向倭寇索取相当代价，余一枪一弹，亦必与敌周旋到底。"

10月30日上午，日军开始用3英寸口径平射炮猛轰，密集时竟达每秒一发。隆隆之声，不绝于耳。日军并以汽油浇洒，到处纵火，使仓库四周化为一片火海。日军还不顾国际公法，发射瓦斯弹，致使我军数人中毒受伤。日军扬言将不顾一切后果，采取极端手段，对付中国守军。谢晋元和杨营长多方应战，一次次给日军以有力还击，击退敌人水陆两路进攻，毙敌40余名。

在激烈战斗的间隙，谢晋元作诗自励，也鼓舞官兵：勇敢杀敌八百兵，抗敌豪情以诗鸣；谁怜爱国千行泪，说到倭奴气不平！他对杨营长说："在上海这种地形和城市战中，坚守堡垒比进攻堡垒相对容易，我们进攻日本海军司令部的教训正是如此。"

杨瑞符回答说："我们就是叫敌人也付出沉重的代价，让四行仓库成为他们的噩梦！"

谢晋元点点头说："四行仓库是会被记载入史册的光荣建

抗日英雄小故事

筑。虽然他不是在我们几百个手中建立起来的,但肯定是我们的战斗使它成为见证。"

　　杨瑞符回答:"以前总以为中国除了深山的寺庙,没有什么值得留存的建筑,看来建筑物比人保存历史,留驻记忆要长久得多。"

　　谢晋元的目光更加坚定了:"累累弹洞可以修补,民族的痛史不能任意涂改。"

　　杨瑞符也是信心百倍:"只要国家不亡,就没有人能够摧毁我们的精神堡垒。"

日军三次进攻被击退后，直至午后两三点仍不见动静。谢晋元心生疑虑，令各楼加强警戒。下午四点半，一路之隔的英军碉堡门口出现了一个中国人："喂，快去交给谢团长"，声到人到，那人将一个纸团从枪眼塞了进来。一连长黄家铁拾起纸团，去寻找谢晋元。谢晋元展开一看，上面工工整整写着两行钢笔字：日军已在四行仓库后架置重机关枪和大炮。署名郑侠飞。郑侠飞是租界工部局武装组织某司令部翻译，随一队英军住在西藏路桥北堍的碉堡里。刚才与英军从碉堡出发，沿西藏路往北巡逻，至开封路口时，见日军正在布置大炮和重机枪，枪炮口都对准四行仓库后面。于是通知谢晋元，以早做准备。

下午 5 点，郑侠飞跃至与四行仓库相通的烟杂店窗口，急切地说："快请谢团长来，我有极重要的消息报告。"谢晋元迅速到了底楼，郑侠飞不等他走近就说："我叫郑侠飞，今晚 7 点，日军开始总攻，我们六点半撤离碉堡，建议谢团长迅予撤退，英军小队长要我告诉谢团长，'八百壮士'可通过碉堡进入租界。"

"谢谢郑先生，并请向英国朋友转致谢意，"谢晋元双眼布满了红丝，面容憔悴，然仍精神抖擞，声音洪亮，"但我们决不撤退，死守到底！"

晚上，突然枪炮声大作，日军总攻开始，谢晋元冒着弹雨炮霰时而上楼，时而下楼，不断调整兵力和火器，神态从容沉着，指挥将士们顽强抗击。激战至子夜，日军仍不能越雷池一步。"团长，电话。"勤务兵奔上五楼，寻见了谢晋元。谢晋元拿起听筒，是淞沪警备司令杨虎的声音："谢团长，孙师长要我通知你，马上撤离四行仓库。"

"撤离阵地？为什么？"谢晋元大声说，"杨司令，请你转达孙师长，我们能守住，没问题……"

"这是蒋委员长的命令！"听筒里传来"咔"的一声，似是杨虎皮鞋脚跟靠拢立正，果然，杨虎的口气一变，"蒋委员长电话有令：一营壮士视死如归，忠勇爱国，不负平素训练教导之旨，深为嘉许感动。唯以现值长期抗战之际，国家所期待

抗日英雄
谢晋元

于此忠勇壮士者至深且远，如任其孤军死守，壮烈牺牲，亦为国家之莫大损失，不如忍痛放弃此闸北最后阵地，使此辈壮士另图报国之道。特渝令淞沪警备司令杨虎，指导该师撤退。"

"我八百兄弟已立誓在先，决作壮烈之牺牲，与四行仓库生死与共，但求死得有意义！但求死得其所！恳请杨司令上达委员长，准我所求，以遂夙愿……"谢晋元声泪俱下。

"这个……"杨虎一时没有下文。听筒里换了一个声音："谢团长，我是子文，大部队已安全撤到镇江以西，你们的阻击任务已胜利达成，报国杀敌，来日方长，不限一时一地。况且，委员长又亲自下命令撤退，军人以服从命令为天职，毋庸犹豫。"

"……是，卑职谨遵委员长之命。"谢晋元搁下电话，"杨营长，按一、二、三、四连顺序，由杂货店撤往租界。留下一个排，随我殿后……"

"我留下，团长先撤。"杨瑞符请求说。

"服从命令。"谢晋元神色严峻，"快撤。"

壮士们一个接一个从杂货店柜台里跃出，飞速穿过马路。突然，敌军亮起了探照灯，壮士们暴露在雪亮的灯光之中，连原来英军驻守的碉堡也被照得清清楚楚，"卧倒！"杨营长急忙下达命令。"叭"一声枪响，探照灯熄灭，马路又变得一团漆黑。是谁打的枪？三百多公尺一枪命中，又是夜间射击，杨营长回头一看，原来是谢晋元，手里正握着一支汉阳造。

至次日子夜零点，"八百壮士"连同伤员安全撤离了四行仓库，走在最后的一个，是团长谢晋元，退出四行仓库之时，面对弹痕累累的最后阵地，谢晋元暗暗地下了决心："日后我们一定要打回来！"

四昼夜中，谢晋元带领"八百"孤军，在外援断绝的弹丸之地，拒敌数万，击败了敌人数十次进攻，取得了毙敌200余人、伤敌无数的辉煌战果，所部只伤亡30余人，取得了军事上、政治上、道义上的胜利。在8年抗战史上谱写了光辉壮丽的一页，四行仓库狙击战是妇孺皆知，有口皆碑！

抗日英雄

谢晋元

第三章 英雄身困租界仍心怀天下
汉奸诱降不成竟痛下毒手

第一节 勤习战技，孤军精神促升旗

"八百壮士"在租界内的中国银行仓库稍事休息，万国商团司令马飞少将由郑侠飞陪同，会见了谢晋元，由衷钦佩道："谢团长，从你们身上，我看到了中国军队的不凡气概。"

"过奖了，感谢英国朋友的合作与帮助。"谢晋元点头为礼。

"这里是租界，希望谢团长命令部下，把武器交给我们代为保管"，马飞带着歉意说，"真对不起，我是奉工部局的命令行事。"

谢晋元许久默然无语。他知道，按租界章程，中国武装部队是不准进入租界的，虽属不平等条约，但早已既成事实。"我们马上出发，离开这里去赶大部队。"谢晋元站起来，准备集合部队起程。

"谢团长，这不行"，马飞拦住说，"上海四周都是日军，你们已跑不出去了。"他所说的是事实。同时，日军司令部已向租界当局施加压力，不许"八百壮士"通过租界西撤，标榜中立的工部局已作屈从。

僵持了好一会儿，谢晋元不得不做出让步："那就尊重你们的意见。"

"请谢团长的部队调一个地方休息，工部局已为你们准备好了营房，明天上午就可以过去。"马飞与谢晋元讲定后，握手道别。

另一方面，我军撤退以后，敌人依旧不断发射燃烧弹，同时继续纵火烧屋，眼看着四行仓库燃起熊熊的火焰，上海民众为壮士们的安危担心不已。自夜至晨，有不少民众不顾深秋的寒冷，一直在河南岸徘徊不去，关注着"八百壮士"的情况。有着光荣革命斗争传统的上海市民，在全民族抗战的旗帜下，不分党派、民族、信仰都自动地组织起来，以各种形式从精神上、物质上支援了"八百壮士"的斗争。如今"八百壮士"退出战斗，撤退进租界，意味着中国军队在市区的抵抗也结束了。但是，每一个上海市民都了解，撤退并不是"八百壮士"的本意，连日来不断送出的一麻袋一麻袋的家信，早已表达了这几百人决死的遗嘱。大家心里清楚，当大军西撤以后，要单靠这几百人去面对数万敌军，独力守住上海，也是不可能的。只是这几天中国百姓亲眼所见凶残的日寇一个一个倒在我军的枪口下，感到从未有过的解恨。上海市民同壮士们的心情一样，希望能再多消灭一些敌人。如今"八百壮士"退出战斗，英雄们的生命得以保存，可以为抗战做更多事情，所以上海民众要热烈地表达对英雄的欢迎。

　　11月30日上午，"八百壮士"乘车去营房，谢晋元与马飞及郑侠飞同坐在最前面的轿车上，小轿车刚一出大门，谢晋元被眼前的景象惊住了：大门外密密麻麻的人群使汽车根本无法开动，拥挤向前的人流很快便将汽车围住。极目望去，长长的南京路上都是密密层层的人群，连沿街的墙上、楼上的窗口以至屋顶上，凡能站人的地方都挤满了人。一看见谢团长坐着小车带领着长长一列卡车开出来，"呼啦"一下子，百姓不约而同地鼓掌欢呼，大家挥动着手中的小国旗，高呼"抗战英雄万岁"、"中华民族万岁"、"打倒日本帝国主义"、"抗战必胜"等口号。一时间掌声、口号声、锣鼓声直冲云霄。由于人群拥挤，车队只能极其缓慢地前进，甚至几度停顿不前，人们涌向前去欢呼致敬，热烈之情达于极点。谢晋元眼见上海民众以如此巨大的热情，像欢迎凯旋的英雄般迎接"八百壮士"，不由自主地流下了感动的热泪，同时心中的愧意越来越深了。面对人群，谢晋元频频举手敬礼致意，同坐在车上的马飞和郑侠飞，也连连举手敬礼。

　　乘坐在后面十几辆卡车上的战士，手拉着手整齐地排列着，以笔挺的姿势、整齐的军容接受上海民众的夹道欢迎，所有的战士都齐刷刷地举手敬礼，向民众表示感谢。欢迎的民众想不到这些战士竟是如此精神：四昼夜不睡觉，除了杀敌就是做工事，经历了生死搏斗的人依旧保持着严整的军风，市民们不由暗自赞叹，不愧是 88 师的精锐，中国军人都像这几百人一样，英姿焕发、斗志昂扬、誓死抗敌，何愁小鬼子不能消灭！许多民众把带来的糖果、饼干、香烟、罐头、鲜花纷纷投到缓缓开行的卡车上。路旁一些商店主、做光饼和食品的摊贩，还叫人将店摊上的食物送给卡车上的战士们吃，每个人都以各自的方式表达自己热爱壮士的心情。热情的场面感动得车上的战士和车下的民众都热泪盈眶，车上车下的口号声也响成了一片。上海民众表现出的无比的爱国热情，以无私奉献的精神照顾和慰问自己的军队，使壮士们暂时忘却了被迫撤出战斗和交卸武器的悲痛心情。

从跑马厅到胶州路不长的路整整开了一个多小时。卡车将我们的战士送到胶州路口一块面积 15 亩的空地上，当时该处是沪西较为荒凉的地段，房屋很少，地上坑坑洼洼，高低不平，由于有些时间没住人，所以垃圾遍地，苍蝇乱撞。四处长着的蒿草在萧瑟的秋风中摇曳着枯黄的枝叶，租界工部局临时搭起了一批大小帐篷，算作壮士们的栖身之地，小帐篷在中间，供谢晋元住宿及会客用，大帐篷在四周，供各连战士居住。四周树起了铁丝网，门口由万国商团白俄团丁守卫，并在铁丝网四周不停巡逻，自谢晋元以下，没有许可，不得出大门一步，如有人来访，需经白俄团丁队长摩斐批准，并派团丁跟随，名曰

抗日英雄
谢晋元

陪同，实为监视。

此时，"八百壮士"完全失去了自由，无异于被拘禁在俘虏营，上海市民则尊称之为"孤军营"。一段时间内，郑侠飞受万国商团华队司令陈时侠之托，住在孤军营中，充当谢晋元与外界联系人并翻译。"八百壮士"进入孤军营当天下午，几个中外记者获准入内采访。"请问谢团长，你们在孤军营要住多久？"

"就内心而言，我一营将士无不心系前线，盼待立即奔赴战场，决战前敌，只是眼下身不由己。"

"有消息说，日本方面已向租界当局交涉，欲将孤军将士长期拘禁于此，谢团长对此将作何反应？"

"希望租界当局不屈服于日寇压力，早日还我自由"，谢晋元突然变得激昂起来，"然不管发生什么情况，我忠勇将士势必发扬大中华之伟大人格，为抗日而生，为抗日而死，粉身碎骨，在所不惜！"

上海滩是一个五方杂处、消息灵通的地方，百姓们很快就知道"八百壮士"要在胶州路暂住，所以运送孤军的卡车刚一到达营地，还没等战士们安顿下来，送慰问品的人群就络绎不绝。有三三两两结伴前来的，也有抗敌后援会、工会、青年团体、商会等各行各业组织和发动的；有的踏三轮车，还有开着卡车。上海民众把穿的、盖的、吃的、用的统统都考虑到了，各类生活用品可以说应有尽有，一应俱全。按照"八百壮士"
的需用，各种毯子就送来一千多条，还有许多食品和各类药品。
谢晋元指定军医官汤聘辛负责点收，救护班的战士集中力量进
行分配和保管。慰问品点收登记以后，按照各连人数，先将急
需使用的漱洗用具、被服用品、食品陆续发放。送了慰劳品以
后，民众都想亲眼看一看自己心目中的英雄，他们围着战士帮
着铺床叠被，安放物品，打扫住处的卫生。许多青年男女拉着
战士们的手，问长问短，都要听坚守四行仓库英勇杀敌的故事。
有人带着照相机，便拉着战士照相留念。战士们还从来没有受
到过这样热情的关怀，也从来没有受到过如此的尊重和敬仰。
有些人想起"八一三"抗战以来，大部分弟兄都壮烈牺牲了，

自己能幸存下来也是运气。心里暗下决心，一定要争取早日重返前线，多消灭鬼子兵，答谢上海民众的热情照顾，也可以告慰牺牲的战友。但是，在错综复杂的客观形势下，战士们的愿望是否能实现呢？

谢晋元与"八百壮士"，经受了枪林弹雨的洗礼，流血牺牲的考验，等待着他们的，是一场特殊的战斗，其激烈悲壮，胜过战场上刀枪厮杀。他们把孤军营生活当成另一种形式的战斗，通过自己的言行，使友邦从我们身上看出中国军人之气概，从此认识中国的真精神。来到孤军营的第二天，谢晋元在接见中外记者时表示："倭寇与我们势不两立，我们存在一天，决与倭寇拼命到底。"

虽然失去了自由，但严肃军纪如旧。谢晋元严饬全营，坚持严格的军事生活，在被缴械的情况下，依旧每天坚持徒手队列训练、拳术训练和体育比赛。又用木头做假枪练刺杀，谢晋元亲自任教官，从最基础的制式教练学起，使战士们能系统学习军事术科的内容：基本教练、散兵教练、班排教练、射击教育……一些限于当时条件不能操作的科目，则以讲堂上课为主。战士们边听边做，瞄准、刺杀，小组、班、排操练，一个个都生龙活虎。在增强纪律性、提高军事技能的同时，还使大家记住自己是一个革命军人，时刻准备着重返前线，投入抗日杀敌的战场。

每天清晨，清脆嘹亮的起床号就在孤军营内响起，"嗒嘀嗒嗒，嘀嗒嘀嗒……"三百多名战士们在军号的指挥下，开始了一天紧张的生活，四点半起床，5点到7点出操，9点吃早饭，10点到11点半上课，下午继续学习，内容有精神训话，学习时事，队列训练，教练拳术等，直至晚上9点熄灯就寝。早晚两餐，由官兵自办柴米蔬菜，谢晋元还责成官兵昼夜24小时在营区站岗放哨，一切都安排得有条不紊，井然有序。

谢晋元严于律己，凡要求部属做到的，必躬自行之，每天两顿，与将士们一起席地而坐，共吃大锅菜，毫不特殊。每晚半夜里出来查哨，风雨不避，他还每天坚持打太极拳、南拳，必至汗流浃背而后止，稍有空间，便握卷在手，或默诵兵书，或吟诵唐诗宋词，文天祥的《过零丁洋》《正气歌》及岳飞的《满江红》为每日必读，至能背诵则止。

一个风雨交加的夜晚，谢晋元披着雨衣外出查哨，发现哨兵郝鼎诚躲进了帐篷，当即训斥说："岗哨身负全营安全之责，稍有疏忽，后果不堪设想，下了一点儿雨就畏缩退避，冲锋陷阵时又将如何好？"

"现在又不是打仗……"郝鼎诚嘀嘀咕咕，慢吞吞走去岗位。

次日，谢晋元当众将郝鼎诚批评了一顿。郑侠飞知道后劝说道："壮士们软禁于此，生活艰苦，心情不佳，谢团长不必

抗日英雄
谢晋元

过于严厉，否则个别不良分子恐有不轨之变。"

"我们在租界内生活，一举一动引人注目，必使体现我中国军人之真精神，若是放任自流，不加管教，他们中可能有人会丧失民族气节，届时何以对沪上父老？何以对国家？"当时，谢晋元正在练习书法，当即研墨挥毫，书写条幅一帧：富贵不能淫，威武不能屈，贫贱不能移。书毕捧与郑侠飞，说："此是孟老夫子所言，能做到这三句话，当无愧于祖国、民族，赠予郑先生，以资共勉。"稍后几日，他又写了对联一副，高悬团部后壁："养天地之正气，法古今之完人"，并将营连官佐招来："苏武出使被扣19载，不屈而返；睢阳令张巡抗击安史叛逆，兵败不俘，口舌被割，犹大骂不绝而死；文天祥拘禁敌国4年，威胁利诱终不为动，直至以身殉节。我等羁縻此地，生死难料，盼我全体官兵以前朝忠臣烈士为楷模，宁折不弯，宁死不屈，对祖国竭尽忠诚，做一个高风亮节的炎黄子孙。"

抗日英雄小故事

1938年8月初，谢晋元致函工部局：88师去年8月11日出师上海，8月13日是淞沪抗战周年，为纪念此两个有意义的日子，请求准许于当日升起中国国旗。两日后，马飞少校来到孤军营，婉言拒绝："谢团长要求悬挂国旗，高尚爱国之心，本人极表敬佩与理解，只是避免日方趁机纠缠寻衅，工部员希望取消升旗之议，此不只为了我们的利益，也为谢团长并所部官兵利益。""早在5月间，业已向工部局提出，请允营中升旗，经再三交涉，同意平时不必升，纪念日可以升。8月11日、13日两日，分别为我师出师与淞沪抗战纪念日，既是纪念日，当然应依照前约，同意我升起国旗。"谢晋元辞强理直，马飞无以应对，便说："待去向工部局请示，本人也希望能满足谢团长的要求。"下午，谢晋元得到了工部局在8月11日、13日两日升旗的通知。他立即让白俄团丁领着伙夫，去买来了三丈二尺长旗杆一根，又打开箱子，取出珍藏多时的国旗。8月11日清晨四点半，"嘘——"起床的哨响，壮士们一骨碌从床上跳下，"今天要升国旗啦！"大家兴奋地议论着，草草洗一把脸，奔向操场集合。"立正，敬礼！"谢晋元一个标准的向后转，声音洪亮，"升国旗！"壮士们齐刷刷地抬起右手至帽檐，青天白日满地红国旗冉冉上升，千百双眼睛，随着国旗慢慢移动。几经抗争，孤军营里第一次升起了国旗，来之不易！此时此刻，这些在弹雨炮霰中出生入死的钢铁汉子，再也控制不住自己的感情，一个个热泪盈眶。

升旗仪式举行后不过半小时，白俄团丁队长摩斐以旗杆竹太长，易为日军发现干涉为由，令截去一段。谢晋元认为可以接受，便截去了8尺，11点许，摩斐去而复来，一见谢晋元，就以命令的口吻说："工部局来电话，要你把国旗降下来。""国旗为国家代表，按国际公法，一国军队完全有权悬挂本国国旗。"谢晋元义正词严。"去把那面旗降下。"摩斐向跟随在后的两个护身兵下令。"谁敢动我国旗？"谢晋元满脸怒容，声色威严。那两个白俄团丁被威慑住了，怔怔地望着他们的队长。摩斐欲要发作，猛然瞥见了谢晋元背后一张张愤怒的脸，他胆怯了："你们胆敢违抗工部局的指令，等会再找你们算账。"说完，快步溜了出去。"哈哈哈……笨熊！"壮士们指着他那臃肿如熊的身躯笑骂。谢晋元知道事情并不会就此了结，命勤务兵传令：各营连长速来团部开会。会议只开了个头，在大门口担任警卫的杨排长气喘吁吁奔进团部："报告团长，大批白俄团丁乘着大卡车来了，计有12辆，正在大门外集合。""誓死保卫国旗！"谢晋元马上部署，"三连踞守营门，一连、二连在操场散开，四连守卫旗下。"不过几十秒钟，壮士们都已各就各位，紧握双拳，两眼喷射着愤怒的火花。"离12点还有一刻钟，到时候不把国旗卸下，将采取武力行动。"摩斐瞪着血红的眼睛狂叫。

"我是团长，营内的事由我做主，外人不得干涉！"谢晋元声色俱厉，凛然难犯，"头可断，旗不可降！"摩斐气得暴跳如雷，400余名白俄团丁手持马刀、木棒，乱砍乱打冲进了孤军营。面对全副武装的万国商团白俄队强行冲进孤军营抢旗逞凶行为，手无寸铁的孤军战士为护旗，只能以木棍、啤酒瓶抵御强暴，与之搏斗。"冲啊……"民族尊严不可辱，壮士们呼啸而上，赤手空拳与之搏斗，混战一起。又有五六百名万国商团团丁上来，还带着枪，一下子打伤了数十名壮士。壮士们忍无可忍，以木棍、砖头瓦片还击；前面的倒下去了，后面的又扑了上去，被打昏后苏醒过来，又一跃而上，臂断腿折的，硬是爬到旗杆下呐喊助威。枪声、铁器碰撞声、吼声响成一片……混战持续了几十分钟，血肉之躯，毕竟难敌现代化武器，百余名壮士负伤倒地。旗杆四周的人墙被冲开了缺口，国旗连同旗杆被强行夺走，又派人将包括谢晋元在内的17名军官全部抓走幽禁起来。尤长春、刘昌台、吴祖德、王文义四位壮士为保卫国旗英勇牺牲，均两手握拳，口眼久久不闭！

万国商团的罪恶行径，迅速传遍上海，各公团或函电或去人，向工部局提出严正交涉，抗议之声响彻浦江两岸。众多中外记者赶去孤军营采访，谢晋元当众宣布：绝食抗议。没有国旗，行精神升旗，头上有青天白日，脚下有烈士鲜血，足可代表国旗！谢晋元集合官兵，下达升旗令。虽是无旗胜有旗。"八百壮士"仰望高空，肃立敬礼，想象中的国旗缓缓升起。以后，虽没有了国旗，但有"精神升旗"仪式。每天，谢晋元率领"八百壮士"向空中行敬旗礼，唱国歌。壮士们的爱国热情真可谓至诚至烈。

8月13日，中国共产党在汉口出版的机关刊物《群众》周刊上撰文，"向羁留在沪坚持奋斗的八百壮士致诚挚慰问之意。"上海不少群众团体也纷纷向工部局抗议和交涉。慑于沪上各界同声一致强烈抗议，工部局不得派亨培为代表，与谢晋元谈判："希望谢团长停止绝食，有什么要求可以商量。"亨培的态度颇为客气。"如能满足我们的要求，可以考虑停止绝食，不然，我全体将士宁死不进食！"谢晋元一字一顿，"条件有三：一、此次暴力事件，责任全在工部局，应严惩肇事长官；二、送还被劫国旗，自后允许孤军营悬挂国旗；三、抚恤蒙难士兵，伤者给予治疗。"在各界同胞声援下，工部局终于同意了谢晋元的要求，郑重送还国旗，抚恤死难人员。谢晋元等人于10月7日回到孤军营，孤军终于获得了斗争的胜利。

通过这次流血事件，谢晋元和"八百壮士"深深感到中国积贫积弱，工业大部分落在帝国主义国家的手中，中国国民处处受人欺负，若不流血，不抗战，只能是人为刀俎，我为鱼肉！这下子，我们的英雄们更加坚定了不怕流血牺牲，坚持抗争到底的决心了。

第二节　自强不息，战士力争自由

我们的壮士们仍被困在孤军营，一时之间不能返回部队，随着日军侵略加深并占领南京，孤军营内战士们的处境也变得越来越艰难，几百人的生活安置全靠自己解决，谢晋元作为孤军营的最高长官要尽量安排300余人的住宿、吃饭、发饷等具体生活问题，想尽办法创造条件使战士们能经常开展体育锻炼，使人人都有健康的体魄，从而保持战士们的斗志，所以他比以前更加忙碌了。转眼又是两年过去了。孤军营的官兵们在那小小的禁地中，在谢团长的带领下，一直没有放弃过他们的抗战努力。他们不仅从未放弃过训练，而且还组成了"孤军剧团"，表演话剧，宣传抗日。

孤军营将士吃用各物，原本由上海各界捐赠。谢晋元意识到：国民政府已迁都重庆，租界当局一味屈从日寇淫威，应作长期拘禁孤军营的打算。早在读书的时候，谢晋元受孙中山先生影响，立志实践孙中山先生在民生主义中提出的发展实业、发展资本主义经济，实现中国的近代化，使国家由贫弱而到富强和关怀工农等劳动人民生活福利的一系列目标，把"救亡图存，振兴中华"的远大理想作为自己终生奋斗的努力方向。因此，为了应对孤军营内的经济压力，同时减轻上海同胞的负担，谢晋元决定开展生产自救，用市民捐赠的善款购买了一批生产工具，将士们一边训练，一边制作毛巾、袜子、手套、蜡烛等物，兑钱养活自己。他在讲堂上对官兵们说："中国抗战是持久的，快则十年、八年，慢则二三十年，最后胜利必属于我们。但是，到战争结束，大家不用打仗了还能干嘛呢？你们的生活该怎么办？为了今后寻找工作，只有现在学会一门技术，才能继续服务社会，为国家出力。"

谢团长根据经济工作的规律，先易后难，逐步发展，先组织织袜劳动。他与上海的工商企业家关系一直很好，这次又请一贯热心的荣德生先生支持。荣先生安排申新九厂吴昆生厂长以优惠价格供应孤军营棉纱，开织袜厂的卫聚贤先生也借出了六七台织袜机，在袜厂派来的老师傅的耐心指导下，孤军生产袜子终于成功了。不久，织袜生产逐步扩大规模，购买袜机达到 40 台。一人一机生产长筒袜，二人一机生产短筒袜，每天有一百多人参加织袜劳动。起初我们的战士技术不熟练，每人每天只能生产出二三双，可是熟能成巧，在日复一日的劳动联系后，战士们一人一天可生产 12 双袜子。

除袜子生产外，孤军营又通过废料加工，生产孤军牌毛巾。由于孤军牌产品质量好，售价比市场价低，所以很受欢迎。到营内慰问参观的民众回家时都要买些，或自用、或送人。除去售出的产品，剩下的那一部分会送给地下工作人员、退入南市滞留法租界的一千多名友军和受日伪迫害的困难民众。

当织袜生产步上正轨后，谢团长又组织藤器编织、木工生产及汽车驾驶培训工作。谢晋元认为中国山区地域广阔，藤条、柳条等材料到处都有，而编织藤器所需设备及资金又少，认为藤器编织产业是手工艺中最适合农村发展且发展范围很广的工业，因此谢团长大力提倡孤军营内的战士学习藤器编织技术，号召大家踊跃参加。他说："学会这门技术，今后即使回到穷乡僻壤，亦能组织藤工劳动。"很快藤器编织便开展起来，从小凳子、小椅子开始到各种柳藤筐、篮子、靠椅、躺椅都生产出来。

为了适应生产发展需要，战士们沿营区西边大礼堂北侧盖起了一排房屋作为工厂生产用房，在四连宿舍西侧盖了藤器和木器工场。上海民众崇拜英雄，热爱"八百壮士"，都以能买到孤军牌产品为荣。孤军牌毛巾、袜子、肥皂、藤器在市场上非常热销，常常供不应求。销售收入除购买原材料及扩大再生产外，还用以捐款支援抗战，其余都用来补贴孤军的伙食及日常生活用度，所以大家的积极性非常高。

在生产工作进展顺利后，谢团长又筹划开展汽车驾驶培训。开汽车是一门很好的技术，但房屋、设施的投入很大，预计开办费要 5000 元，我们的战士无法承担这么大的经济压力，于是谢团长先联系了上海最大的祥生、云飞、银色、泰来四家汽车出租公司，这四家出租公司表示愿意提供旧的卡车、小汽车，并派来了驾驶教练。这项工作主要由宋福华负责，从 1940 年 2 月 12 日开课。以三个月为一期，每期六个班，每班六个人；安排六个月，计划分两期，共培训 72 人。培训工作先由交通大学的两名教师讲汽车的机械原理及构造，每周两次，在下午上课。然后由出租公司的师傅教换排档、刹车等技能，再上车操作。战士们兴趣大，在师傅的指导下，大家沿着大操场绕圈子，逐步熟练起来，很多人大约只用掉一加仑汽油就学会开车了。

　　谢晋元是黄埔军校政治科学生，他非常重视政治教育，也知晓寓教于乐的道理，因此，在政治学习之外，营内的体育活动自始至终也开展得很活跃。官兵们一有空就进行篮球、排球、足球、网球或乒乓球比赛，其中数篮球比赛开展得最好，两个篮球场天天都是热热闹闹的。跑跳、单双杠、体操、国术的拳棍等锻炼也是天天进行。但由于场地器材有限，谢晋元只好规定各连的活动时间，让战士们轮流参加体育活动。

　　1939年孤军营还举行了一次会操，由谢晋元检阅了自开展操典讲堂以来的成果，有班、排、连队列操练、木枪刺杀及瞄准、徒手格斗等项目，充分显示出经过谢晋元亲自上课训练后，孤军在学科及术科方面的提高。会操后军事训练及操典讲堂便暂告段落，不再专门安排时间进行，木枪等器械收入仓库。各类球赛也不如以前频繁，改由各连及官兵自行抽空穿插进行锻炼。团长做这样安排是考虑到营内要全面开展学习文化，孤军学校每天都要上课，各类手工业生产陆续展开，孤军都想多学会几门手艺，所以时间上安排不过来。

　　此外，孤军营还组织了歌咏队、口琴组、话剧团等，通过自娱自乐，进行爱国教育。当时风起云涌的抗战，不仅涌现出许多爱国抗日的英雄，也为广大文艺工作者创作提供了许多素材，从而创作了许多鼓舞人心的抗战歌曲，许许多多脍炙人口的歌曲在前线后方广泛传唱，给人民以鼓舞和力量。

谢晋元一直重视抗日歌曲鼓舞军心和斗志的作用，积极组织各连开展歌咏活动，抽出二三十人组成了孤军歌咏队。一些流传很广的歌曲如：《大刀进行曲》《松花江上》《义勇军进行曲》《大路歌》《毕业歌》《热血》《满江红》《游击队歌》《在太行山上》等，都是官兵们常唱的歌曲。在抗战歌曲的鼓舞下，孤军和民众团结得更紧密，坚持抗战到底的意志也更坚定了。

"八百壮士"进入孤军营后，各学校学生和前来慰问联欢的民众常常演出话剧和活报剧，给孤军们很大鼓舞。当时经常来营慰问的有中学生叶茵露、叶珉、叶君琰。其中叶珉、叶君琰是两姐妹，她们经常同孤军赛球、表演节目、缝洗衣被，帮助孤军办事，所以大家亲切地称她们为"叶氏三小姐"或"叶氏三姐妹"，在她们三人以及陆起、龚世英、叶婉等人的帮助配合下，孤军营抽出十几个人成立了话剧组，取名"孤军话剧团"。上官志标是除谢晋元以外唯一受过军校训练的人，有文化，聪明。经过谢晋元的开导后，他逐渐理解了开办话剧团的重要性，所以负责话剧团各项工作十分积极。他召集营内的几个"秀才"，先后编了《四行抗战》和《八一一殉旗》两个话剧剧本，经由来营服务的大学生的修改之后排练起来，除了《四行抗战》中献旗的杨惠敏由"叶氏三姐妹"轮流扮演外，其他角色都由孤军担任。

战士们在孤军营内大操场上搭了一个戏台，拉上两块幕布，幕布上写着"孤军剧团"四个大字，下面画了一支步枪。演出时，两个人把幕布往两边一拉就能表演。除了孤军剧团的话剧外，还有艺联剧社、华东联合女中、友联剧团、延平学校、上海中学、上海艺术研究社、妇女互助会等也常常来到营区内演出，演出的剧目除《四行抗战》等以外，还有《保卫卢沟桥》《打回老家去》《卧薪尝胆》《文天祥》《海上春秋》《岳飞》《屈原》《流寇队长》《放下你的鞭子》《捉汉奸》等。上海的民众从孤军营的话剧演出中看到了岳飞、文天祥、苏武、屈原等先贤们崇高的民族气节，"八百壮士"等抗战英雄的光辉形象，也看到汉奸卖国贼的可耻下场，可以说大家在艺术作品中受到了良好的教育。

从 1938 年元旦起，谢晋元开始记日记。日记中除了记录孤军营生产、生活、训练的情况外，还记录了谢晋元对亲人的思念、对国家民族的担忧、对国际形势的分析、对个人和孤军的前途的思考。为了培养官兵们自强不息的战斗意志，谢晋元加紧政治教育。某日，谢晋元正在给战士们上政治课。他说："战士们，激烈的暴风雨是一把筛子，将无情地筛掉那些意志薄弱的人，硝烟弥漫的战场也是一把筛子，也无情地淘汰了那些怕死鬼，我们这座军营，和全国开展的抗战一样，都是大浪淘沙的大筛子，敌人的狡猾和凶残，将锤炼出我们最坚强的战士！被看不见的敌人打垮，被看不见的枪弹打倒，甚至被自己的胆怯和软弱打垮，那才是可耻的！一定要像钢筋混凝土那样，成为不可攻破的堡垒！"

上海沦陷后，上海市民有一件经常必做的事，就是看望孤军。有好吃的，给孤军送去，有高兴的事，要让孤军分享。当然，更多的人是因为痛苦和迷茫才到孤军营找答案的。正如报纸上报道的："（孤军营）每天人来人往，好像信徒们涌向圣地。"最多时，孤军营一天接待数千人，最少时也有数百人，有的人干脆把孤军营称为上海的"重庆"。有一次，天快黑了，又有数十青年学生来到孤军营，非要谢晋元训话不可。但谢晋元今天已接待5批学生了。谢晋元在日记中写道："我只好简单地讲了讲，他们向我鞠躬后才走。可见青年们的苦闷和迷茫了。"

1940年的"九一八"纪念日到来了，上海市民原定这一天在孤军营举行扩大纪念会，没想到一直找孤军营麻烦的白俄看守居然关闭大门，阻止市民进入，还用催泪瓦斯和水龙头驱散爱国民众。白俄士兵还趁机向孤军营地开枪，打死打伤了几名壮士。对于这种行径，谢晋元当场提出抗议，说明"抗日无罪"。

在一个战事频繁、青年迷茫的年代，谢晋元带着被迫困在租借、不能上战场杀敌的三百多名壮士在孤军营内开展了一场

抗日英雄
谢晋元

轰轰烈烈、自强不息的自由运动，展现了我国抗日战士们的飒爽英姿和自尊自强的精神面貌。

就这样，谢晋元团长带领"八百壮士"在孤军营度过了三年半的时光，直到那一天他倒在了血泊中。

第三节　心怀不轨，汉奸刺杀晋元

在世界各国的历史上，忠与奸，正义和邪恶作为水火不相容的两个对立面，总是共同出现的。就像民族英雄岳飞世代受人尊崇，而卖国贼秦桧永远受人唾骂一样，中国的全民族抗战从一开始，就表现出截然不同的两面。一方面是广大军民浴血奋战，无数中华民族的英雄儿女马革裹尸，宁死于疆场；另一方面是一小撮民族败类贪生怕死，为了一己的荣华富贵屈膝投降，甘心事敌。

汪精卫，名兆铭，字季新，号靖卫。1883 年生于广东省番禺县三水，早年由官赞留学日本，1905 年参加同盟会。1925 年任广州国民政府主席兼军事委员会主席。抗战爆发后任国民党副总裁、中央政治委员会主席、国防最高会议副主席、国民参政会议长等。他身居要职却反对国共合作，宣扬民族失败主义，与日本侵略者秘密勾结，开展所谓"和平运动"。1938 年 11 月 12 日至 14 日，梅思平、高宗武在上海虹口公园重光堂与日方代表今井武夫、伊藤芳男等秘密会谈，签订了《日华协议记录》及《日华协议记录谅解事项》，内容为汪精卫出逃投敌、任傀儡政府首脑等。1938 年 12 月 18 日，汪精卫找借口飞往昆明，再逃到河内。12 月 29 日，汪精卫发表"艳电"，声称："近卫第三次声明惟欲按照中日平等之原则，以谋经济提携之实现，则对此主张，应在原则予以赞同，并应本此原则，以商订各种具体方案。"从此，汪精卫走上了卖国求荣的不归路。

汪精卫一伙叛国后，举国上下一片愤怒。国民政府中常会作出决议，揭露其"通敌求降"的罪行，将其永远开除出党，并撤除一切职务。《新华日报》撰文："最近汪逆之离国，不仅与政府毫无关系，且无丝毫影响于中国之抗战……无论何人对于蒋委员长领导下之决心抗战，略有缺乏信心之表示者，将为我同胞所反对。"

陈诚、薛岳等十余将领，同时作为前方浴血的将士，也发电声讨汪逆"通敌求降，罪无可逭"，"拥护中央永远开除其党籍，并撤除其一切职务。"何香凝也批驳汪逆"艳电"是"坐飞机时北风吹昏了头"，"总理遗嘱还是汪某亲笔记录的，事过十余年，言犹在耳。汪某不知何以对总理及殉国诸烈士，及数十万抗战之军士与被残杀的同胞？"

汪伪政府成立后，彻底出卖了中华民族的主权，政治上与日本和伪满洲国傀儡政权勾结在一起，支持日军对重庆政府加强军事压力。太平洋战争爆发后又与德日意法西斯轴心绑在一起，妄图"打倒英美势力，实现和平反共建国大业"。汪政权的伪和平救国军在占领区内进行"反共清乡"，抓丁抢粮，奸淫掳掠，杀人放火，无恶不作。经济上与日寇一起大肆搜刮和掠夺沦陷区人民财富，滥发伪储备券，强征钱粮，滥收苛捐杂税，以支持日寇的侵略战争。文化教育上，推行"新国民运动"，施行奴化教育。外交上追随日本参加《国际防共协定》，后又对英、美宣战，再伙同各伪政权签订《大东亚共同宣言》，为日本建立"大东亚共荣圈"鸣锣开道。

汪精卫从出走投敌到伪政权覆亡前后六年多，主要活动地为上海、南京一带。他们打着"国府"的旗号，自称是"正统"，跟着日本人的腔调，称重庆国民政府为"地方政权"。他们宣扬所谓"和平救国"和与日寇"共存共荣"的理论。还与日军及宪兵、特务相勾结，对上海租界内的抗日力量极尽打击破坏之能事，这些汉奸犯下的罪行真是罄竹难书。日寇和汉奸对于每天都在公开宣传抗日的孤军营同样是恨之切骨，渗透破坏等阴谋从未停止，谢团长领导孤军和日伪进行了长期的艰苦斗争。

1939 年 8 月 11 日，孤军营举行"八一一"辱旗事件一周年纪念，全体孤军及统一委员会来营人员为护旗牺牲的四烈士举行悼念仪式，向负伤的一百多位同志致敬。战士们纷纷上台演讲，坚信抗战前途光明在望，死难烈士的鲜血不会白流，表示一定要向敌人讨还十倍百倍代价。谢团长还静坐默念，为死难同志祈祷。下午举行降旗典礼，谢晋元再次讲述第88师动员及出师抗战两周年纪念的意义，细述了1938年护旗斗争所付出的代价，誓雪耻辱，鼓励全体官兵同仇敌忾之决心，他说："战士们，我们要时刻铭记我们是一名军人，我们应把个人生命贡献给国家民族，国家民族没有自由，我们个人可就永远谈不上自由；我们的肉体，我们的灵魂，永远属于国家民族。一年前为悬挂国旗，我们的同志死难四人，流血一百多人，大家必须以牙还牙，以血还血，永记勿忘。"

孤军营的升旗、唱国歌，宣传抗战必胜，敌人必败，还通过报纸发表文告，坚定民众信心，使一直阴谋迫害抗战的日本侵略者更为恼怒，日方头目急商对策，企图对孤军尤其是对孤军营将领谢晋元不利。

日、德、意三国结盟以后，日寇气焰益发嚣张，欲将英、美等国势力逐出上海，租界地位岌岌可危。谢晋元与八百孤军的处境益趋险恶。一日，来了个西装革履的中年男子，一见谢晋元的面，就自我介绍说："兄弟我从南京来……""有何贵干？"谢晋元打断他的话。一听就知道，来者是汪伪政权的人。"向谢团长通个讯息"，来人神秘地说："日军司令部已向租界当局交涉，要求引渡谢团长，以报四行仓库狙击之仇。""本人早已抱定为国牺牲之决心，死于日寇之手，英灵流芳，属光

荣之至。"谢晋元莞尔一笑，似毫不介意。"谢团长年纪轻轻，前途无量，何言'死'字？"。来人故作认真道，"汪主席对谢团长的军事天才敬佩之至，特令兄弟到此，请谢团长去南京荣任要职。"说着拿出一张第一方面军司令委任状，谢晋元一把将委任状撕得粉碎，"我父母都是中国人，生下我这个儿子也只能是中国人，中国人决不当外国人的走狗！"谢晋元看了看手表，"时间已到，需带队训练，恕不奉陪。"言毕转身就走。来人满脸愧色，呆若木鸡。

谢晋元忖度，随着日军在上海势力的扩张，自己的安全日益难以保障，生死关头，当欲如何？他挥笔疾书了"志士仁人无求生以害仁，有杀身以成仁"的条幅，以明忠贞报国的不屈心志。作为一个革命军人，谢晋元早就把个人的生死置之度外，在1936年初送妻子凌维诚返乡及"八一三"抗战爆发和奉命死守四行仓库等关键时刻，他多次表明了自己愿为国家牺牲的决心。但这次是实实在在的死亡威胁，早已下定牺牲决心的谢晋元仍不免感到揪心的伤痛，父母年迈，风烛残年，是否受得住这个打击？儿女幼小，过早地失去父爱，今后的教育成长怎么办？所谓舐犊情深，儿女情长，乃人之常情，他不能不对父母和妻儿有个交代。这晚查哨回来，已是3点了，谢晋元刚躺下，又披衣下床，需要给双亲写封信，既以明决死报国之志，对家事也应稍作区处。于是谢晋元展笺蘸墨，奋笔挥洒，写道：

双亲大人尊鉴：

上海情势日益险恶，租界地位能否保持长久，现成疑问。敌人劫夺男之企图，据最近消息，势在必得。敌曾向租界当局要求引渡未果，但野心仍未死，且有"不惜任何代价，必将谢团长劫到虹口（敌军根据地）。只要谢团长答允合作，任何位置均可给予云云。"似此劫夺为欲迫男屈节，为敌作牛马耳。

大丈夫光明而生亦必光明磊落而死，男对死生之义求仁得仁，泰山鸿毛之旨，熟虑之矣。今日纵死，而男之英灵必流芳千古。故此险恶之环境，男从未顾及。如敌劫夺之日，即男成仁之时。人生必有一死，此时此境而死，实人生之快事也。

……

在汪伪上台一周年前夕，谢晋元专门撰写勖勉上海青年的稿件，从谈做人的道理出发，鼓励青年热爱祖国，为民族解放贡献自己的一切。为了使上海民众经常了解孤军的学习、生产、教育和思想，谢晋元还组织有文化的官兵印刷出版了《孤军生活》月刊。上官志标拿着月刊，对谢晋元说："因迫于上海租

097

抗日英雄
谢晋元

界的特殊环境，故内容尽力平淡，以后按步骤逐步推进，以免被人寻找借口而滋事。"

谢晋元点点头，说："不错，有普通士兵的文章，很好。"

士兵伍杰也说道："这本月刊秘密发行出去，不亚于向敌人打的炮弹。"

上官志标笑了起来："这就是政治宣传弹！也是孤军营内的怒吼！"

谢晋元玩笑似的问道："你们的文章要不要稿费啊？"

上官志标回答："就是加几个菜吧，小章管厨房，管得还很在行。"

伍杰也笑着说："我本来想写，对坚持抗日宣传的谢团长，汪伪千方百计，多次派人游说，利诱收买，除了陈公博外，南京伪政府内政部长陈群也派出政事特务意图收买，均被谢团长拒绝，不过那群汉奸给团长您开出的头衔可真多，价格上涨得很快啊。"

谢晋元哈哈大笑起来："是啊，什么师长、总司令、军政部长，50万元、100

万元、200万元都来了，不过，在我眼里，那些都是一堆粪土，买不去中国军人的民族气节。"

上官志标握紧拳头："我们坚持在敌后的孤岛继续抗战的宣传，保存这个阵地，比直接射杀几个敌人更令人鼓舞。"

谢晋元说："日军占领租界，以武力劫持孤军只是时间问题。而敌劫持之日，即我等成仁之时。人生必有一死，此时此境而死，实人生之快事也。"

上官志标："汪伪汉奸在多次利诱收买团长均未得逞后，由丁默村、李士群策划利用孤军营开放民众慰问参观的机会，派遣特务以抗日的爱国姿态，混入营中活动，在体育运动、比赛及表演话剧等活动中，一方面是打探消息，掌握动态；另一方面更主要目的是物色对象，收买内奸，以实现其阴谋。"

唐连长："有的士兵报告，有76号特工专门从事诱买，允诺叛兵事成后每人可得赏金一万元，并且立即恢复自由，当然还有升官重用等许诺。不知道是阴谋投敌还是要搞什么暗杀？"

上官志标一听，有些担心："他们分别接触过什么人？会不会出现被收买的叛徒？我看还是应该对团长进行严密保护，团长的安全非常关键，敌人的阴谋诡计不会没有针对性，也不会没有具体的目标。"

谢晋元不屑地说道："我倒想看看，谁愿意转做敌人的走狗。"

1941年4月21日，晨起即闻蛙鸣，七时许满天乌云，突转北风，冷空气到达上海，旋即狂风卷起飞沙走石，尘土蔽天，目不能视。原本为春雨绵绵的江南早春天气，因气候骤冷，变为淫雨淋淋。受气候影响，营内早操停了三天，室外运动锻炼也不能进行。谢团长抽空写星期日纪念周的演讲稿及进行营内事务的处理。

另一方面，谢晋元看重有文化的人，待郝鼎诚不错，叫他帮孤军剧团做下手，搬搬道具之类的，再加上郝鼎诚常踢足球，所以常接触到一些营房外来的人，还认识了日本姑娘樱木，甚至与樱木谈起了恋爱。这天郝鼎诚被分派随王麻子老大爷出去采购蔬菜。郝鼎诚与樱木谈两人约好在营地外会面，一路有说有笑，跟在王麻子后面。

樱木天真烂漫地说："要是在我的家乡，我们就可以住到山上，种点菜，买点粮食，过着幸福的日子。"

郝鼎诚问道："我现在不能出来，你为什么还要对我好？"

樱木抬头看着郝鼎诚回答："你不知道，其实我每天都能在家里的阁楼上看到你，看你踢球，看你打拳，看你开汽车……"

郝鼎诚满心感动："我祈祷我早日自由，祈祷能早日娶你。"

樱木羞涩地说："我也祈祷你的平安，祈祷你的心能够安宁，忘记该死的战争。"

郝鼎诚看着樱木，坚定地回答："我一定要出来，我会出来的。"

樱木点点头："你出来吧，等你自由了，我们就结婚。我哥哥山本说只要谢晋元死去，所有的战士都能自由，我知道我自私，可是，我希望谢晋元死掉，这样，你就能出来娶我了……"

郝鼎诚没有说话。

没几天过后，山本来找郝鼎诚："郝鼎诚君，我今天来是要告诉你，我的妹妹樱木下个月就要回日本人了。她只是个不懂事的孩子，我理解她对你的爱情，我没有阻止她，可谁叫你是'八百壮士'！谁叫你在四行仓库杀日本人？谁叫你在孤军营傻待了几年，我这个妹妹，痴等了你四年了！我不能让她在这么傻等下去，我的父母早亡，作为哥哥，我一定要让樱木幸福，可是这种幸福你是给不了的，所以，请你以后不要再打扰她了。"

郝鼎诚很是着急："我本来只想做一具行尸走肉，是你的妹妹用她的纯真感化了我，使我觉得自己还是个活人，还能谈恋爱，还能因为当一个抗战军人而光荣。你为什么要逼她？求求你，不要这么狠心！"

"不是我狠心，是你狠心，你想想，只要你自由了，你就可以出来娶她了，到时候我一定不会阻挠你们俩，可是，你这样一直待在孤军营，难道要我的妹妹等你一辈子吗？你这样怎

么能说是爱她呢？

"可是，我要怎么才能出去啊？"

"我听说南京政府的政事特务多次接近谢晋元，对他招降，并答应他：个人 50 万元赏金，士兵每人一千元赏金。一旦投降南京政府，士兵可以立即获得自由，谢本人可以晋升师长，并负责训练南京政府的军队，谢上校与他的军官们拒绝了投降。于是汪主席与日本军方面达成协议，只要谢晋元一死，就立即放你们自由……"

"可是，那是谢团长啊，我怎么能……"

"你自己看着办吧，反正我妹妹下个月一定要回国的。你既然这么爱你的团长，哼，那我也没什么好说的了，就只当是樱木看错了人！"说完，山本转身走了。

郝鼎诚痛苦地坐在地上。那天晚上，他终于下定了决心，是的，他选择樱木，他选择所谓的樱木给她的"爱情"。

从那天开始，郝鼎诚开始一天到晚穿着件棉大衣在团长室门前溜达。棉大衣不离身，使其他人十分好奇。战友们开玩笑地问他："郝鼎诚，这都春末了，你还整天裹着个棉大衣，你就不怕长痱子？"郝鼎诚笑着说："唉，最近打摆子（害疟疾），没法啊。"

有时郝鼎诚同三四人同坐，在一些谈得来的人中间宣传"平均法"，鼓吹"不要任何头头"，自己管自己，爱怎么干就怎么干。由于郝鼎诚和一些人自由散漫无纪律实在太过分了，谢晋元一气之下，关了他一次禁闭。谢晋元没想到的是这时候的郝鼎诚已经跟另外几个战士定好了刺杀自己、夺取自由的计划。

1941 年 4 月 24 日，星期四，连下了三天的雨刚刚停止，谢晋元如往常一样四点半起床，五点前往操场率领士兵们早操。检点人数时，谢晋元发现郝鼎诚、张文清、尤耀亮、张国顺等四名士兵未到操场出操。"杨营长，你带队跑步。"谢晋元吩咐过后，独自向营房走去，想要了解这 4 人未曾出操的原因。谢晋元还没进入营房，没想到郝鼎诚等人倒主动迎了出来，"你们怎么不参加早操？请假了没有？"谢晋元问道。"团长，来这里都快四年了，这种苦日子实在受不了"，郝鼎诚似乎理直气壮，"昨晚站了末班岗，头脑发胀，想再睡会儿。""前天你买通看守营门的白俄团丁，私自离营，回来后又没有报告，去了哪里？今天又带头不出操，你难道都不记得我们的纪律了？我们是军人，要时刻严格要求自己，怎能这样放任自流？要受处罚！"谢晋元严肃地说。正在这时，闪到谢晋元左后侧的尤耀亮抽出匕首，疾趋而前，对准谢晋元的胸部、头部猛戳，其余3人也都亮出短铁棒，一拥而上，谢晋元根本没料想到自己的战士会对自己不利，来不及防范，当即被打昏了过去，跌倒在地上，血流如注。"谢团长遇刺了……"在远处跑步的壮士们发现后，一边喊一边拥了过来。郝鼎诚等4人见势不妙，

抗日英雄
小故事

拼命向营门口逃去，副营长上官志标迎面拦截，也不幸被刺成重伤。然叛兵终究人少胆怯，被当场擒获，扭送工部局。随营军医汤聘华急忙为谢晋元包扎，但谢晋元伤势过重，失血过多，药石罔效，延到六时许，谢晋元便停止了呼吸，临死前对看护在侧的杨瑞符营长说："志不可屈，成功……成仁……"一代抗日英雄，就这样悲愤以殁，时年仅 37 岁。

谢晋元被刺身亡的噩耗一经传出，三百多名壮士失声痛哭，各界同胞深至哀悼，举国震悼。各地唁电如雪片一般飞往孤军营。上海同胞往孤军营吊唁者有 30 多万人，素车白马，途为之塞。而国民政府给予谢晋元以极高的评价，通电表彰，追赠其为陆军步兵少将。当时全国各地的报纸都为追悼谢将军而出了特刊。而一代抗日英雄竟死于被汉奸收买了的自己最信任的战友手中，实在是让人痛心不已。

几千年来，我国战患频繁，但将士们取义成仁之事，代代不绝。民国时期，国家内部就像一个大拼盘，有人养敌自重，也有人隔岸观火，更有人阳奉阴违、朝秦暮楚，能够绝对服从军令者，十人之中尚且没有一个，但谢晋元做到了这一点。何况当时日本人气焰嚣张，声称要"三月灭亡中国"，谢晋元只携四百战士抵御日寇，竟能轰动国际，扬名天下，对日本人的羞辱可说是巨大的！因此守卫四行仓库战役虽小，但鉴于谢晋元的功绩，将其载入名将之列是完全合理的。郝鼎诚操刀反弑，可以说是天良丧尽，即使他此后隐姓埋名，苟活于世，也不过是一行尸走肉！从"八百壮士"之列突然成为刺杀英雄的汉奸，实在令人欷歔，令人不知该如何论之。

抗日英雄
小故事

第四章　万古流芳谢晋元
永垂不朽中国军人

第一节　中国人纪念晋元情

谢晋元作为团长不幸遇害，使全营官兵处于一片悲痛之中，按照团长生前的规制，全体官兵公推雷雄团副负责营务，在统一指挥下，治丧工作紧张而有序地进行。先组织"孤军营治丧委员会"，办理善后事宜；将团长遗体移入其私人卧室，全体官兵依次在床前致祭，痛苦告别；万国殡仪馆派人来为团长清洁面容及化妆；以孤军名义发表了讣告；晚7时，营内官兵举行小殓。重庆驻上海当局派代表郑仕森等一行，冒滂沱大雨到营慰问，并宣布由雷雄领导孤军。

4月25日上午11时，在大礼堂举行大殓，仪式隆重，3000名民众参加，无不为之抚棺痛哭。礼堂布置极严肃，门前竖素色牌楼一座，内部遍布白幔，悬挂蓝白布灯，左右分挂各方致送的挽联。灵台上置清酌、燃白烛，上悬谢团长骑白马远眺之大幅遗像，挂全体孤军官兵挽匾"忠昭千古"，旁悬雷雄团副率全体官兵的挽联。其旁分置各方致送花圈30余只。其后墙上，分挂党旗国旗，正中装设霓虹灯之奠字。团长遗体即安置其前方。

大殓仪式由雷雄主祭，全体将士暨来宾均左臂系黑纱肃立。团长遗体着军服，经化妆后，音容宛在，栩栩如生。当由官兵及生前好友十人，将遗体抬入棺内，上海难童教养院及平江儿童教养院各一队乐队，同奏哀乐，音调凄切，全体将士及来宾均为之泪下。平时对谢团长深为钦敬的女学生数人，将各人照片及绣有谢团长签名的手帕置于棺内，并失声痛哭。继由全体静默三分钟，行三鞠躬礼，复奏哀乐，列队绕棺瞻仰遗容时，无不涕零不止，有小学生十余人，竟至号啕大哭。大殓完毕仍覆国旗，暂厝大礼堂，择日下葬。

当局拨款一万元作治丧费用，蒋介石又下手令拨款五万元作特恤金，请政府明令褒扬，所遗子女，由国家抚养。并通电各军、师官兵，表示哀悼。另拨款五万元，在中央军校建造孤军谢晋元团长纪念碑。

26日起，上海民众大批涌向孤军营，向敬爱的谢团长告别，胶州路新加坡路一带人山人海，交通完全阻塞，自俄队及警务处加派人手维持秩序。雷雄派值星官与白俄队交涉，拆去一段铁丝网，另开一门，队伍从北面大门进，经礼堂瞻仰遗容、鞠躬、献花，立即离开，从胶州路南面另一扇门出去。

27日为星期日，人数更多，拥挤于营门外，警务处派红色警备车两辆停于大门口，并将海防路、新加坡路、胶州路一带交通阻断。至下午3时，人群越挤越多，捕房派人设卡除带有挽联、祭物的人以外，余皆一律不放入营，当天入营民众三万余人，多数为学生、青年、工人，也有工商界人士。

29日为团长盖棺日，从早上6时起，新加坡路上即见人潮汹涌而来，自小沙渡路至孤军营前，二人一队即有绵延数十丈之行列。以后人群越聚越多，警务处仍将胶州路、昌平路一带封锁，仅开放新加坡路一处进入，到礼堂瞻仰遗容后，沿南面工部局小学竹篱笆缺口，从胶州路散去。至12时盖棺前，五个多小时，吊唁者达六万余人之多。

5月8日，国民政府发布命令，追赠谢晋元为陆军少将。

5月10日上午8时，重庆各界人士在夫子池新运所举行追悼会，各方代表将会场挤得满满的。致辞的杨惠敏激动地说："谢团长虽然牺牲了，但是还有我们四万万在战斗中锻炼成钢的民众，新的中国是会在我们的手里创造出来的。"

上海各界的追悼会在5月11日上午11时举行，会场布置庄严肃穆，立有谢晋元巨幅画像，高达二丈，由画家冉熙、顾廷康绘制。各界送来的挽联、挽幛悬满大礼堂内外，花圈、花篮和鲜花堆积如山，营区一片素色。其中，蒋委员长挽联是："艰苦矢成仁，终古光腾孤岛血；英魂应不泯，从今怒吼浦江潮。"

同时，蒋委员长亲自撰写悼文如下：

谢晋元团长之成仁，为我中华民国军人垂一光荣之纪念，亦为我抗战史上留一极悲壮之史迹。回溯该团长领导八百孤军，坚守闸北，誓死尽职，守护我国旗与最后阵地而绝不撤退。其忠勇无畏之精神，已获得举世之称颂。而其留驻孤军营中，为时三载以上，历受艰难，尚能坚毅不移，始终一致，保持我国民革命军独立自强之人格，此种长期奋斗，实较之前线官兵在炮火炸弹之下浴血作战，慷慨牺牲，尤为坚苦卓绝，难能而可贵。

此次被击殒命，显为敌伪方面久已蓄意收买暴徒，下此毒手。而我孤军营之忠勇官兵，赤手擒奸，固绝不损其全体之荣誉。谢团长虽不幸殒命，然其精神，实永留人间而不朽。谢团长不仅表现我军人坚贞壮烈之气概，亦为我民族不屈不挠正气之代表。除已优于褒恤外，甚望我全体官兵视为模范，共同景仰，以期无负先烈之英灵，而发扬我民族正气之光辉也。

孤军营为谢晋元铸造了铜质纪念章，发给官兵佩戴。音乐家们创作了《谢晋元团长追悼歌》，在社会上广为流唱。官兵们将纪念章别在胸前，默默地站立在谢晋元的坟墓前。他们坚毅的脸上没有眼泪，他们将继承我中华民族不屈不挠抗击日寇的精神，在保家卫国的道路上走得更远。

谢晋元遇害的噩耗传到蕉岭县后，蕉岭的民众十分震惊，悲痛不已。一年前刚遭遇婆婆过世之痛，如今又受此巨大打击，凌维诚痛哭流涕，几次昏倒。既要安慰年老体弱的公公，还要照顾年幼的子女，凌维诚肩上的担子更重了，她暗下决心，一

抗日英雄小故事

定好好好抚养自己与谢晋元的孩子，等他们长大，告诉他们他们有一位伟大的父亲。

谢晋元的灵堂设在尘坑村方塘子祖堂内，祖堂中间挂着谢团长遗像，四周挂满挽联及辞章，蕉岭县长及各方面官员、亲朋好友、各界人士纷纷前来吊唁，来自蕉岭、梅县、平远、大埔、兴宁、五华、丰顺的官员、民众，从早到晚络绎不绝，前后一个月，共计10余万人。新铺镇邮局每天派专人送来大批唁电、挽联、挽幛。

抗日英雄谢晋元就这样走了，可是，后人将永远铭记谢晋元的爱国精神。毛泽东曾高度赞誉"八百壮士"，将他们和"平型关"、"台儿庄"的勇士们同列为"民族革命典型"。新中国成立后，上海市人民政府褒扬谢晋元"参加抗日，为国捐躯"的光荣业绩，并将他的坟墓迁至虹桥万国公墓"名人墓区"供后人瞻仰凭吊，永志纪念。同时为了纪念谢晋元英勇抗日，弘扬将军精神，蕉岭县人民政府1998年拨专款赎回谢晋元已散失的故居房屋，整修后批准列为县文物保护单位；2000年拨专款兴建了谢晋元纪念馆，与故居原有建筑相连互映，并珍藏了大量展现将军生平事迹的图片实物。谢晋元故居每年吸引了大量海内外华裔子孙及国际友人前来景仰参观。

谢晋元虽然牺牲了，但谢晋元的爱国精神永远活在我们的心中。

第二节　后来人不忘前人志

一个谢晋元走了，但是中国的抗日大业并没有宣告结束，四万万中国人为了自己的家，为了爱人，为了祖国，开始前赴后继奔向战场，为了抗击日寇而战斗。

四万万同胞在爱国主义旗帜下团结起来，汇成浩浩荡荡的抗日洪流——抗联将士活跃在青山绿水间，回民支队让日军闻风丧胆；全国各界救国联合会等救亡组织纷纷成立，不同党派、团体捐弃旧怨，共赴国难。港澳台同胞捐款捐物，海外华侨认购国债、回国参战……全民抗战的大潮让侵略者"三个月内灭亡中国"的妄言彻底破灭。

"民族大团结是抗战精神的核心"，这既是抗战精神的重要内涵，也是抗日战争的重要经验。"民族生存需要它，民族发展需要它，当前面临重要战略机遇期的中华民族，更加需要它！"慷慨赴死、不怕牺牲、百折不挠、艰苦奋斗，是包括谢晋元在内的抗战将士留给后人最为珍贵的精神财富。

国难当头，英烈辈出。从杨靖宇、彭雪枫，到佟麟阁、张自忠……无论是共产党员，还是国民党中的爱国将领，每一个名字背后，都有一段可歌可泣的英雄故事；每一个故事，都是一曲荡气回肠的爱国之歌。

这是一场实力悬殊的战争：1937年，日本年产钢580万吨，飞机1580架、坦克330辆、大炮740门。而当时的中国，钢的年产量只有4万吨，军事工业薄弱，只能生产一些轻武器……

但，这又是一场让侵略者胆寒的战争：打完最后一颗子弹，狼牙山五壮士毅然砸枪跳崖；被敌围困河边，誓死不屈的8位女战士挽臂沉江。中国以伤亡3500万人的惨重代价，最终打垮了骄横一世的日本法西斯……

艰苦的磨难，压不垮中国人民；残暴的敌人，只能激发起中华民族誓死抗争的英雄气概。淞沪会战、忻口太原之战、南京保卫战、台儿庄和徐州会战、保卫武汉……国民党数百万军队在正面战场奋起抵抗；平型关大捷、百团大战、地道战、地雷战、麻雀战……中国共产党领导的八路军、新四军和抗日武装，让侵略者陷入人民战争的海洋。8年抗战，中国的敌后战场和正面战场共进行重大战役200余次，大小战斗近20万次，歼灭日军154万余人、伪军118万人。

爆炸英雄李勇、女战斗英雄吕俊杰、神枪手李殿水……60多年前出版的《晋察冀画报》，记录了一个个平凡而又伟大的人物。"他们的身上体现了中华民族不怕牺牲、英雄顽强的民族精神。正是这种精神，确保了全民族的独立和解放。"

抗战的历史证明，万众一心，奋勇前进，就能战胜一切艰难险阻，不断取得新的胜利。

抗日英雄
谢晋元

历史无言，精神不朽。抗日战争的胜利，是中华民族由衰败走向振兴的重大转折；伟大的抗战精神，为中华民族精神注入新的元素和更为丰富的内涵。这是一面旗帜，迎风招展，猎猎飘扬。这是永远的精神财富，是我们在中国特色社会主义道路上实现民族复兴的强大精神动力。

1945 年 8 月 15 日，一个令中国人民欢欣鼓舞、倍感自豪的日子：日本无条件投降。经过中华儿女的英勇斗争，无数人的流血牺牲，我们终于赢得抗日战争的伟大胜利。这是近代 100 多年以来，中国人民反抗外敌侵略取得的第一次完全胜利，是中华民族从衰败走向振兴的伟大转折。在这场与日本侵略者展开的拼死搏斗中，中国人民表现出巨大的民族觉醒，战前的民族团结，万众一心，前仆后继，彻底打败了侵略者。历史充分说明，中国人民之所以创造了弱国战强国的伟大胜利，很重要的原因是中国军民在抗日战争中英勇顽强，可歌可泣的战斗，是他们推动了伟大的抗日战争；是他们浴血奋战于抗战的最前线，是他们……

中国军民为抗日战争做出了伟大贡献。

太行山上，八路军副参谋长左权指挥反法西斯战斗，壮烈牺牲；狼牙山顶，五壮士舍身跳崖；晋察冀边区，雨来智取鬼子……

抗日战争和反法西斯战争时期，那些悲壮义举，铁骨忠魂，历史和人民不会忘记。我们中华民族历史上曾蒙受巨大的耻辱，战争给予人民深重的灾难。一代又一代的中国人民英勇抗争，不怕牺牲，前仆后继。多少人为了民族的解放、人民的幸福而抛头颅，洒热血！红军时期宁死不屈的各位烈士，指挥战争不怕牺牲的杨成武，抗日战争时期那些坚信着"头可断，血可流，阵地不能丢"的英雄烈士们……就是他们，用革命先驱、用鲜血、用生命给所有人换来了今天美好的生活！在抗日战争中，有多少民族英雄壮烈牺牲，虽然他们已经死了，但他们那英勇顽强，不怕牺牲的精神将会成为永久的丰碑，永垂不朽！重温那一段悲壮、激越的民族记忆，让我们铭记那段峥嵘岁月，让我们更加珍惜今天来之不易的幸福生活。

抗日英雄 谢晋元

你听，从遥远的天空又传来那激昂的歌声：

中国一定强，中国一定强，

你看那民族英雄谢团长。

中国一定强，中国一定强，

你看那八百壮士孤军奋守东战场。

四方都是炮火，四方都是豺狼，

宁愿死不退让，宁愿死不投降。

我们的国旗在重围中飘荡飘荡，飘荡飘荡，飘荡。

八百壮士一条心，十万强敌不敢挡，

我们的行动伟烈，我们的气节豪壮，

同胞们起来！同胞们起来！

快快赶上战场，拿八百壮士做榜样。

中国一定强，中国一定强，中国一定强，中国一定强！

一定强！一定强！一定强！

抗
日英雄
小故事